U0949736

中共贵州省委宣传部、贵州大学
“部校共建”传媒学院专项资金资助出版

Xiwang Communication Library

贵州大学溪望传播文库

教育部人文社会科学研究西部和边疆地区青年基金项目“‘媒介化社会’中的民族村寨文化变迁研究——基于贵州岜沙苗寨的民族志阐释”（15XJC860002）研究成果

社会传播网络与民族村寨文化的现代建构研究

——基于贵州岜沙苗寨的民族志阐释

吴妍　著

WUHAN UNIVERSITY PRESS
武汉大学出版社

图书在版编目(CIP)数据

社会传播网络与民族村寨文化的现代建构研究:基于贵州岜沙苗寨的民族志阐释/吴妍著.—武汉：武汉大学出版社,2021.4
贵州大学溪望传播文库
ISBN 978-7-307-22200-7

Ⅰ.社…　Ⅱ.吴…　Ⅲ.苗族—民族志—研究—从江县　Ⅳ.K281.6

中国版本图书馆 CIP 数据核字(2021)第 062092 号

责任编辑:范绪泉　　责任校对:李孟潇　　版式设计:马　佳

出版发行：**武汉大学出版社**　(430072　武昌　珞珈山)
(电子邮箱：cbs22@ whu.edu.cn　网址：www.wdp.whu.edu.cn)
印刷：广东虎彩云印刷有限公司
开本:720×1000　1/16　印张:10.25　字数:166 千字　插页:2
版次:2021 年 4 月第 1 版　2021 年 4 月第 1 次印刷
ISBN 978-7-307-22200-7　定价:39.00 元

版权所有，不得翻印；凡购我社的图书，如有质量问题，请与当地图书销售部门联系调换。

摘　要

本研究通过对贵州省黔东南苗寨侗族自治州从江县岜沙苗寨的深入考察，采用了以传播民族志为主的多种研究方法，从社会传播网络这个更为宽泛的角度出发，立足于快速变迁转型的社会大背景，以民族村寨为切入点，着重探讨了社会传播网络在民族村寨文化形成、沿袭以及重构过程中所扮演的角色以及所发挥的作用，力求为民族村寨文化的现代建构找到来自传播学科的补充研究，并以此来透视社会传播网络与乡村现代性之间的关系。同时，通过对社会传播网络微观层面的考察和探索，进一步充实有关社会传播网络的研究，以期实现对社会传播网络相关问题的进一步挖掘与探究。这是一项运用传播学、社会学和人类学知识的交叉研究。

本研究分为六个部分。第一部分简要阐述研究缘起并对国内外相关研究进行归纳总结，同时力图厘清本研究相关的理论、概念、框架以及方法。第二部分将在历史的脉络下，对岜沙村寨的概况、村寨文化的形成及具体表现进行细致的梳理。第三部分探讨作为村寨社会传播网路核心圈层的人际传播在村寨文化现代建构过程中对“地方性知识”的再造。第四部分论述了组织传播如何在“规划的社会变迁”过程中对民族村寨文化进行来自国家力量的引导性建构。第五部分着重阐述“媒介化社会”中大众传播影响下的民族村寨文化变迁。这一部分重点分析电视如何“嵌入”乡村日常生活并作用于民族村寨文化的现代建构。最后一个部分是对前期所述的观察作出的分析及总结。

现代社会，信息的流动往往是以不同的传播渠道同时扩散的，民族村寨文化的复兴与重构相应地呈现出多元化的发展态势，不同的传播方式可以成为我们认识民族村寨文化现代建构的一个分析工具。经过以上对民族村寨文化形成、发展、变迁过程的全面考察，我们可以清晰地看到民族村寨如何在社会传播网络的参与下渐次展开文化的现代建构。

目　　录

1 绪　　论

1.1 研究缘起

时间流逝，社会变迁，文化也随之发生改变。我们每一个人都在属于自己的社会价值体系和知识系统中过着属于我们自己的生活，书写那些属于我们自己的历史。

我工作、生活在贵州，这是一个多民族聚居的少数民族省份。我出生和成长的地方——凯里，更是一个以苗族侗族为主要人口的少数民族自治州州府。我的父辈生活在这个自治州一个叫从江的小县城。我虽出生、成长于凯里，但父亲所有的亲人都还居住在从江县城里。我在两岁到四岁的两年时间里也因为父母工作繁忙，加之有刚出生的妹妹要照顾，被送到了从江县城爷爷奶奶家，后来因为母亲实在思念，坚持无论多忙多累都要把我接到身边照顾，我才从县城回到了凯里。即便两三岁的记忆基本不存在于脑海深处，但对于从江，对于生活于那个地方的人，对于那片土地我天然有着一种眷念。成年后，从山地民族居住的小城走出来，我经历了重庆读本科、北京读研以及浙江读博的求学之路，加之自己本身就属于少数民族，这些机缘使得这些年关于传播与少数民族传统文化的相关思考一直萦绕着我，并成为了我多年以来的研究兴趣和志向。在浙江大学读博的过程中，我有了更充足的时间和更扎实的基础去认真对待这个激起我极大兴趣的选题。

我所观察和研究的岜沙苗寨，就在距离从江县城仅 7 公里的月亮山麓。虽然距离山下的县城仅 7 公里，但是由于长期的闭塞和相对落后，坐落于月亮山麓半坡的岜沙苗寨一直是大山深处一个容易被人们遗忘的角落。选择这个大山深处的苗寨作为田野考察的对象，除了缘于情感，还基于以下两点：其一是这里的社会发展水平要滞后于当地的其他地区，文化保持相对完好，符合人类学家所描述的“初民社会”。其二是村寨虽小，却也是功能完整的“切片”。或许这个地方、这些人们毫不惹眼，但这里有着最为基础和扎实的“乡土社会”的一切。这项研究立足于民族村寨生活世界的具体情境之中，从人际传播、组织传播和大众传播三个层面入手，试图勾勒出社会传播网络与民族村寨文化现代建构之间的关联图景。

传播与文化的互动关系可以概括为：传播建构着文化，文化影响着传播。在民族村寨文化变迁与重构的过程中，社会传播网络起到了极为关键性的作用。我读博期间的导师吴飞老师曾做过云南怒江独龙族的田野调查，他对这个少数民族社区社会传播网络的研究在很大程度上刺激了我对自己生活范围内社会传播网络与少数民族社区文化现代建构之间问题的关注。近年来，随着民族学、人类学与传播学之间研究方法以及研究内容的相互交叉，这些学科之间互通研究的桥梁正在逐步架设完成，学科间相互借鉴与融合成为趋势。我的这项研究是对这种学科趋势和潮流的回应，虽然还很浅陋，但仍试图把它做好。

改革开放以来40年的现代化，使中国的社会结构发生了深刻的变化。我国少数民族村寨的经济不断发展，村民们的生活水平不断提高，但民族文化遭遇到的冲击和碰撞前所未有，相伴而生的一个重要问题是民族文化的变迁和重构。“社会的大变革时期，往往会出现一股回到传统的思潮。这既是社会有机体本能的保护机制，也为变革时期的人们提供了一个重估传统价值的契机”。① 今天，中国民族村寨文化所面临的各种来自外界的信息刺激与介入其实正好为它自身提供了一个重估传统价值且重构基本内核的良机。没有这些来自外部的冲击，内在的变动或许就真的无法确立和进行。

杜威认为：社会不仅通过传递（transmission）、沟通（communication）继续生存，而且可以说，社会在传递中、沟通中生存。② 文化是通过传播活动在代际间传承，所属人群通过世代相传而习得的，而不是通过基因遗传的。村寨是从事

① 比尔·科瓦奇，汤姆·罗森斯蒂尔．新闻的十大基本原则．刘海龙，连晓东，译．北京：北京大学出版社，2014.

② 杜威．民主主义与教育．王承绪，译．北京：人民教育出版社，2001.

农业生产的人群所组成的空间单元。作为民族社会生活的最基本的时空聚落，它也是民族文化的一个基本单元，众多民族文化事象和民族文化生活都是以村寨为单位来展现和演进的。所以说民族村寨文化的变迁，构成了中国民族文化转型的重要路径。民族村寨文化的现代建构过程离不开社会传播网络的参与。随着村寨场域的日益开放和社会传播网络的不断介入，民族村寨文化的现代建构相应地呈现出多元化的发展态势。不同的传播方式可以成为我们认识民族村寨文化现代建构的一个分析工具。

对于民族村寨文化的探究，在人类学与民族学的相关研究中已经积累了较为丰硕的成果，关于民族村寨文化受到外源性影响，特别是社会传播网络在民族村寨文化现代建构中如何参与且发挥作用的研究相对较为薄弱。现有的大部分研究多把目光单纯聚焦于大众传播媒介的作用和影响，往往忽略了与大众传播并行的人际传播和组织传播在此过程中所产生的交叉效果。所以这次的研究不局限在仅仅对大众传播媒介影响和作用的探究，而是把研究视野放宽，着力从社会传播网络这个更为宽泛的角度出发，立足于快速变迁转型的社会大背景，以民族村寨为切入点，通过田野调查，以考察社会传播网络在民族村寨文化的形成、沿袭以及重构过程中所扮演的角色以及所发挥的作用，力求为民族村寨文化的现代建构找到来自传播学科的补充研究，并以此透视社会传播网络与乡村现代性之间的关系。另一方面则希望通过对社会传播网络微观层面的考察和探索，进一步充实有关社会传播网络的研究，以期能对社会传播网络有更进一步的挖掘与探究。

文化的遗传并非如生物体一般通过基因进行，而是借助世代的传承得以延续。具有易变性的文化不能存在于真空中，它处在一个不断变化创新的过程中。导致文化出现变迁并引发其创新的关键点有两个方面。一是来自内部的力量，也就是该社区自身的发展和延续所引发的变动；二是来自外部的力量，也就是在与外来文化交往过程所受到的刺激和影响。随着全球化的日益扩大，世界各民族文化都面临着新的冲击，在与外来文化接触的机会和频率不断提高的现实环境里，民族文化重构的过程也正在提速。在社会转型以及经济发展不断加速的中国，农村、农村的文化以及农民的生活越来越受到来自各个领域学者们的关注。有学者指出：“中国的转型包括两个方面，一是从计划经济体制向社会主义市场经济体制的转轨，二是从一个农业的、乡村的、封闭半封闭的社会向一个工业的、城市的、开放的现代社会转型”。① 相较于东南沿海村落的现代化转型，深处内陆省份偏远山区的少数民族村寨，所面临的冲击数量和力度虽小，但它所能引起的震荡和刺激同样猛烈，这也决定了这些少数民族村寨文化的现代建构过程同样艰难和不易。今天，信息的传播和扩散过程，基本上由多种传播渠道共同交互完成，这也让社会传播网络成为了人们社会生活联系的纽带。岜沙，这个深藏在月亮山麓的少数民族村寨好似一个典型，透过它，可以让我们大致把握社会传播网络之于民族村寨文化现代建构的作用和意义。

赵旭东曾经强调，民族志视角的书写更重要的是一种民族志的姿态，这种姿态所强调的是“运用自我来理解另外的生活世界”②。这其中“理解”二字极为关键，我们不是在强行施加某一种解释，而是选择去理解，恰恰这也是民族志最为重要和根本的内核。皮埃尔·布尔迪厄认为：“我们现在做的不是去发现文化变迁的断裂性和因果理念，而是在不同的社会和文化的场域当中寻找场域本身再生产和互动的机制，不是去切割历史，而是在社会的具体事象中与人的实践中找到我们的世界观和行为间的沟通点。‘交叉并置的观察’要求我们放弃‘现代化之后民间传统如何消失’之类的问题，把我们的注意力转向多种场域的力量源泉和并存的机制。”③ 在这样的总体反思背景下，本研究试图通过一个苗族村寨乡村社会的个案，对社会传播网络与民族村寨文化的现代建构进行民族志的重建，探讨各类传播通道对于民族村寨文化现代建构产生的作用，为两者之间关系的总体研究提供一个鲜活的民族志个案，进而从社会传播网络的角度为当代中国民族村寨文化的建构与发展提供一个独特的观察视角，揭示各类中介通道如何作用于民族村寨的传统文化。站在“他者”的位置，我们看待传统的乡土文化，不论是简单认知还是深层理解，都有着一定的误读和误解。从某种意义上说，今天对于民族村寨传统文化的思考与研究其实是现代社会交给我们的一个反思性课题。

本研究的材料主要来源于笔者 2012 年 12 月—2013 年 1 月、2014 年 2 月—

---

① 李培林，李炜．农民工在中国转型中的经济地位和社会态度．社会学研究，2007（3）．

② 赵旭东．从“问题中国”到“理解中国”——作为西方他者的中国乡村研究及其创造性转化．社会科学，2009（2）．

③ 肖青．民族村寨文化的现代建构：一个彝族村寨的个案研究．昆明：云南大学出版社，2009.

2014年3月、2014年7月—2014年8月以及2017年3月在贵州省黔东南苗族侗族自治州从江县岜沙苗寨所作的四次田野调查。

1.2 相关研究综述

开展一项学术研究，对前人相关研究成果的梳理必然成为非常重要的工作。查阅相关文献资料，好似在对这些学者展开一场细腻的观察。学者们那些由初及深、由表及里的思考路径带给我的是无尽的惊喜以及对未知的深深担忧。每一次相关问题的思考，都建立在对前人所做阐述的基础之上。对于我的这项研究，需要综合梳理的研究内容包括：社会传播网络的理论溯源、发展传播学、中国乡村传播研究、村落研究以及文化变迁研究。

1.2.1 社会传播网络的理论溯源

社会网络的研究可以算作社会传播网络的理论源头。“社会网络分析”（social network analysis，简称SNA，也被称为“社会网”或“网络分析”）是研究社会关系的一种独特视角，它建立在这样的假设基础上：互动单位彼此之间存在的关系是极其重要的。作为一种社会科学的研究方法，社会网络分析以对关系和联系的考察作为出发点，聚焦于个体以及将个体联系起来的诸多关系，着力去描绘这些关系的模式，最终以对关系模式的分析来探究个体在群体中的位置以及群体的结构、功能和内涵。点和线是社会网络研究的基本要素，其中社群中的个体由“点”来代表，而社群中个体彼此间的关系则由“线”来对应。“用点和点之间的关系来描述网络，这是社会网络的形式化界定”。行动者以及行动者之间的关系如同多个点以及各点之间的连线，它们共同构成了这个被称为社会网络的集合。用点和线的关系来描述网络，是社会网络的可视化界定。每个行动者都与其他行动者之间有着或深或浅的关联，这正是社会网络所强调的。对于社会网络分析而言，它着力聚焦的是如何去建立行动者以及行动者之间的关系模型，并对群体关系的结构做出相应描述，同时研究这种结构之于群体功能或者群体内部个体的作用。

社会网研究一般认为产生于英国人类学。从1908年齐美尔发表《社会学：

关于社会交往形式的探讨》开始，社会学家对于把社会想象为相互交织的社会关系的观点就不再陌生。“社会网”的概念是由英国人类学家拉德克利夫·布朗首次使用。1954 年，首次使用“社会网络”对挪威某渔村的社会结构进行分析的是社会学家巴恩斯。他通过渔村阶级体系的分析第一次把社会网的隐喻转化为系统的研究。之后社会网络分析以其独特的研究视角迅速进入社会科学研究的各个领域。在研究社会结构的各类视角中，社会网络分析被认为是极其简单明朗却也极具说服力的视角之一。社会网络作为一种社会结构，是从“关系”的视角切入对社会生活的研究。20 世纪 70 年代以后，社会网络分析还探讨了小群体（clique）、同位群（block）、社会圈（social circle）以及组织内部的网络和市场网络等特殊的网络形式。网络分析是从网络角度研究社区，避免了传统社区研究对地域的强调，社区问题最本质的是“关系”。这也正是社会网络分析方法对传播网络研究的可借鉴之处，或者也可以说，传播网络其实是社会网络的重要组成部分。这之后，在英国社会网的研究中，伊丽莎白·鲍特关于《家庭与社会网络》的研究成为了典范。到了 20 世纪 60 年代，美国的社会网研究进入了快速发展期。20 世纪 70 年代中期，网络分析成为社会学中有影响力的研究领域。70 年代末，政治学家索尼亚·阿尔瓦雷斯（Sonia Alvarez）曾使用过“社会运动网络”（social movement webs）的概念，他提出使用 webs 的概念可以抓住社会运动领域中的界线模糊的特性，这个特性使得想用单一组织来看任何集体行动的做法显得不足，我们必须去追踪跨组织跨领域的各种行动，webs 比 networks 更能抓住这个网络中的动态、不确定与时时变动的特性。社会网理论把整个社会结构看成一个由各类人际关系联结在一起的网络结构。当我们用社会网来分析时，就会看到整个网络中的各个“节点”（node）代表的是某一个人或是某一个群体，这些“节点”之间依靠一条条代表着各种亲疏关系的线段联结。“节点”与“节点”之间，也就是人与人、人与团体以及团体与团体之间相互影响，这些动态的过程不仅会影响到个体的行动，也会带来相互关系的改变，并进而对整体结构产生作用。

在社会学中，网络研究一般有两种研究进路：首先是将网络视为一种独特的分析工具，我们可以凭借它理清行动者之间、行动者与其环境之间的关系；其次是将网络视为一种社会结构，这是一种由行动者之间的关系所构成的结构，因此关系也就成为了研究对象。斯托尔（Stohl）的网络理论认为，网络即个人和群体通过传播和交流创造出的社会结构，它由成员的互动模式所组成，它能极大地促进各种社会运转形式。① 从网络理论出发，我们会发现任何社会都存在一个社会传播网络。在整个社会传播网络中存在无数的个人、群体和组织，他们之间通过传播确立相互关系并由此而设定自身在整个传播网络中的位置。因此，我们可以把传播网络看成社会网络中一个极其重要的组成部分。另外，通过社会传播网络中的传播活动，可以产生特定的文化和价值观，并由此而巩固整个社会传播网络。

社区问题最本质的是“关系。在我们对社区进行研究时，社会网络理论成为了一个独特而全新的视角。为了最大限度地避开以往传统社区研究时我们对于地域的强调，分析者可以从网络这一角度展开相应研究，而这也正是社会传播网络研究可以借鉴的关键所在。社会传播网络在不同的时空形式下呈现不同的形态。罗杰斯在《创新的扩散》中曾经使用过“传播网络”概念。他认为，传播网络由一些内部相互关联的个体组成，这些个体之间有着一定的信息流动模式。网络具有一定的结构和稳定性。传播网络分析实际上就是以网络中的人际沟通关系为分析单位，分析网络中有关传播信息流的资料，从而弄清系统传播结构的一种分析方法。

传播是人类存在的基础。这是一个信息爆炸的时代，资讯的迅猛发展已经使信息的传播过程变得纷繁而复杂。信息不再只是以某一种单纯的方式进行传播并产生社会影响，在信息流动的过程中往往是各种传播方式共同起作用，不同的传播渠道同时进行信息扩散。在拉扎斯菲尔德的“两级流动论”中，对于“舆论领袖”的发现和探讨其实已经在一定程度上涉及了传播网络的问题，从中我们可以真切感受到人际传播与大众传播之间相互渗透、相互影响的密切联系。

施拉姆指出：“社会是各种关系的总和，在这些关系中，某些信息是共享的。我们要明确了解的一点是：人类传播是人做的某种事。我们研究传播时，我们也研究人——研究人与人的关系以及与他们所属的集团、组织和社会的关系。”② 作为一种人类行为的结构，传播同时也是一种表达形式的总和。它是在一个个展

---

① 斯蒂芬·李特约翰．人类传播理论．史安斌，译．北京：清华大学出版社，2004.

② 威尔伯·施拉姆．传播学概论．陈亮，等，译．北京：新华出版社，1984.

开来的网络中进行的。宋林飞作为国内最早一批开始对社会传播学进行研究的学者，他认为“社会传播学是关于个人、群体与组织选择某些信息，直接或利用媒介让其他人知晓与分享，并形成一定的相互关系和行动倾向的机制与规律的一门科学”。① 在他看来，社会传播学是把社会视为一个包括了政治、经济和社交等各个领域的大系统。他把传播分为人际、组织和社会三大层，目的在于更好地探索社会对传播以及传播对社会的双向作用及其机制。姚君喜在《社会转型传播学》一书中这样为传播网络下定义，即传播网络是以人类社会共享意义的生产、沟通和交换的多层次、动态的信息交流结构。这个“交流结构”主要有人际传播、组织传播和大众传播三种形式。②

在《村庄的再造——一个“超级村庄”的社会变迁》中，折晓叶把研究的焦点放在“传递网络与社会结构”这一问题上，并对此作了细致的分析。她指出，从一定意义上看，人们在一定的社会关系格局中，相互产生、发送、接收信息和对各种信息作出反应的活动就是村庄公共活动的实质，村民参与这类活动的主要形式则是村议。传递的网络带动着村民参与村议的整个过程。2007 年，吴飞在《社会传播网络分析——传播学研究的新进路》一文中提到，如果将 20 世纪 80 年代的《传播学（简介）》的出版作为一个标志的话，传播学在中国已经有了较长时间的发展。但是，对于传播学方法论及其本土化仍有待深入探讨。③在这篇文章中，他为推进中国传播学研究，提出了一个新的分析进路——社会传播网络分析。他认为，观察日常生活中在社会传播中细微的信息流动甚至是社会中传播网络的建构本身，或许比通过对社会上发生“事件”的详细描述与解释来观察社会变迁更具穿透力。2008 年，吴飞出版了《火塘 · 教堂 · 电视——一个少数民族社区的社会传播网络研究》。这本书的研究视角立足于传播，却又超越了传播学的既有框架，在对一个少数民族社区进行考察时，把火塘、教堂、电视三种传播方式看成是相互勾连在一起的文化传播网络，细致分析了它们如何作用于置身其中的人和社会。这其实已经关注到了在一种社会传播网络环境下，文化与文化之间的“纠结”。

---

① 宋林飞．社会传播学．上海：上海人民出版社，1994.

② 姚君喜．社会转型传播学．上海：上海交通大学出版社，2008.

③ 吴飞．社会传播网络分析——传播学研究的新进路．中国人民大学学报，2007（4）.

我们在认知和把握人类的传播行为时，应该充分考虑到信息社会中人际交往沟通、信息交流以及社会关系和社会制度等层面。本研究也正是在借鉴以上阐述的基础上确立了分析框架，从人际、组织以及大众传播三个层面进行细致分析，以期能对社会传播网络与民族村寨文化的现代建构进行一次较为完整和详细的田野调查以及理论探讨。

1.2.2 发展传播学

发展传播学（concept of development communication）的理论起源于第二次世界大战后的美国。第二次世界大战后，对于诸多获得民族解放和民族独立的第三世界国家而言，发展成为首当其冲的任务。在促进国家发展的多种手段中，大众传媒成为其中之一。20 世纪 50 年代末，发展传播学开始受到学术界和公众的重视，人们开始认识到它在社会经济、文化以及政治发展中的重要性。发展传播学最主要的代表著作有勒纳的《传统社会的消逝：中东的现代化》、罗杰斯的《创新的扩散》和《农民的现代化》以及施拉姆的《大众传播媒介与社会发展》。这些著作作为发展传播学研究的理论基础，使得他们的理论在很长一段时期内主导了发展传播学的研究。勒纳（Lerner）在 1958 年完成的《传统社会的消逝：中东的现代化》中，提出了大众传播具有的强大功能，即促进经济发展和社会进步。在书中勒纳提出了“移情”（empathy）概念。施拉姆（Schramm）于 1964 年出版的《大众传播媒介与社会发展》，则着眼于宏观战略角度，指出对于发展中国家而言，需要去重视大众传播的作用和影响，尽力提高效应以期促进现代化。在探讨大众传播与国家发展时，他清晰阐述了在 12 个领域两者的关联。他认为开阔人的视野、教育民众、传播新的知识和技能都是大众媒介的重要作用，社会关注点应集中到与发展息息相关的信息上，努力提高国民参与国家和社区事务的程度，其实也是在提高人民对未来发展的期望值。施拉姆的表述被认为是在传播与国家发展方面具有开创性的探索。罗杰斯则更细致地就发展传播的理论和假设做出了分析和探讨。1962 年，在《新技术的普及》一书中，罗杰斯提出了著名的“创新扩散”（diffusion of innovation）理论模式，这让发展传播学的研究进一步指向了定量化，实用性也得以增强。这些理论都强调了在促进人们观念的进步和提高方面大众传播媒介有着巨大的影响和作用。这些传播与发展研究领域的先驱们，把关注的焦点放在了大众传媒之于社会发展的关联上，试图说明传播在发展中的重要性。

实践表明，根据发展传播理论制定的政策，预期效果其实并没有完全达到，甚至还带来了一些负向的作用和消极效果，发展传播学理论存在的局限性和片面性开始显现。基于此，传播学界开始反思早期的理论，在对旧范式进行批判的同时也开始了修正。20 世纪 70 年代，第二代范式开始兴起，并从一成不变的统一模式转向了因地制宜的“国家媒介政策”模式。1975 年在夏威夷火奴鲁鲁进行的专家会议被认为是关于服务于发展的传播研究的真正转折点，会议重新评估了传播在经济和社会发展中的作用。勒纳和施拉姆承认在发展传播研究中“渗透效应”是无效的，这推动了各界更积极地寻求有效的发展传播途径。批判学派的研究者从社会整体形态和结构、传播体系与政治经济制度的关系等方面提出了新的见解。他们认为，某些经济数字的达标并不是国家发展的根本目的，从总体上去满足人类基本的生活需要，同时提高人们的生活质量才是最为关键和重要的。在传播领域西方发达国家与发展中国家的不平等已经显现出来。他们提出的尖锐批评也促使了“媒介帝国主义”和“依附理论”的形成。

随着传播技术的飞速发展，发展传播学研究在 20 世纪 80 年代迎来了它的第三个发展阶段。在这一阶段学者们对于大众传播具有推动社会发展的重要作用继续给予肯定，同时也强调了在对待大众传播与国家发展的相关问题上应该持多元的观点。在批判学派的影响下，学者们更重视政治和经济对传播的影响。美国夏威夷大学的传播学教授马杰德·泰拉尼安是发展传播研究领域重要的学者，他的研究代表着发展传播学的一种新变化和趋势。他对于“参与性”传播的作用给予了高度重视，他的发展传播研究被称为社群主义（communitarian）取向。相对于经验学派和批判学派，这是第三条发展道路。“社群主义的发展传播模式强调把现代传媒的作用——这种作用可能是巨大的——置于人类传播的更大的背景之中，即他们的研究视野包括了意识形态构成、文化表达（口头的和非口头的）、信息内容以及人际的、组织的和媒介的传播渠道”。① 在传播与发展问题上，泰拉尼安提出三个要点：一是传播与发展的参与性模式，既有赖于传统的媒介，又有赖于现代的媒介；二是采用平行的而不是垂直的传播途径，它是自愿结合的和

① 殷晓蓉．当代美国发展传播学的一些理论动向．现代传播，1999（6）.

网络性的，而不是单项的和无反馈的；三是注意媒介技术的双重性以及选择性的发展策略。泰拉尼安对影响传播的因素作了较为全面的思考，也强调了社会传播网络建构的必要性。另一位美国学者鲍尔·洛基奇研究的核心发现是，社会结构与传播结构具有互动性的构建作用，传播结构通过意义的构建作用形成同一社区成员的归属感和社会认同。也就是说，传播结构建构了社区成员的共享意义，这些共享意义是社会结构的黏合剂。从现代化理论阶段到依附理论阶段再到世界体系理论阶段，传统的发展传播学话语体系已经逐渐被全球化话语所取代。

发展传播学已从现代化范式、依附范式进入了多元范式阶段。这其中参与式传播是当今发展传播学研究的一个热点。参与式发展理论采取了一条与经济导向的现代化理论和政治导向的依附理论不同的研究路径，因此参与式发展理论可以被理解为关于发展的新思维。在30多年的发展中，参与式传播已经从一种基本方法发展到了今天有着较为系统的理论。韩鸿在《参与式传播：发展传播学的范式转换及其中国价值——一种基于媒介传播偏向的研究》一文中对参与式传播的缘起、发展过程、基本特征、理论基础及基本模式进行了系统梳理，并对参与式传播的中国价值进行了评述。

从20世纪80年代开始，亚洲开始了对于发展传播学广泛的探讨和应用性研究。20世纪80年代，施拉姆的《传播学概论》被引进中国，这成为了发展传播学传入中国的重要标志。中国学者从这个时候开始了对发展传播学的介绍，当时国内传播学者对于西方传播学理论的引进和本土化倾注了极大的心血和热情。除了借鉴国外发展传播学理论研究进路，为了实现传播学的文化自觉，中国发展传播学还紧紧围绕“传播与社会发展”的核心问题展开实证研究，取得了丰硕的成果。这其中，2001年张国良教授的重大项目“中国发展传播学”研究被教育部批准立项并展开研究，不仅标志着我国发展传播学研究的大规模进行，也是应用发展传播学理论解释中国社会现实的尝试。

除此之外，其他国内学者也开始了本土的发展传播学研究，积极探索发展传播与社会现实之间的关系及相互影响，这极大地丰富了中国发展传播学的研究和进度。2002年方晓红《大众传媒与农村》的研究，通过对苏南农村居民的调查，对大众传播媒介与当地政治、文化发展之间的关系进行了细致的描述。姚君喜的《甘肃大众传播与社会发展报告》（2002—2003）则针对甘肃传播业的现状，分析了不同的传播形式及其对社会发展的影响。郭建斌的《独乡电视：大众传媒与少数民族乡村日常生活》（2005）和吴飞的《火塘·教堂·电视——一个少数民族社区的社会传播网络研究》（2008）等研究都是实证研究的典型案例。同时，云南大学2007年出版的论文集《文化适应于传播》，系统探讨了传播对少数民族地区现代化的影响。

"以往的发展传播学研究主要局限于对西方传播学理论在中国的实证，或者简单的媒介接触社会调查，这些研究缺乏批判性的思考维度……文化研究是一门以关注底层闻名的学科，围绕阶级、性别、种族之间的不对称与对抗关系展开，当它与发展传播学结合的时候，更倾向于从微观的角度去描述一个亚文化群体的媒介文化体验，起到由微见著的效果。"① 2009年之后，我国的发展传播学研究进入了整合创新阶段。在发展传播学研究领域，这些年国内实证研究成果也渐趋丰富。总体而言，进入新世纪后参与式发展成为了发展传播学最主要的理论进路，我国也开始借鉴这一发展理论进行更深入的研究。

1.2.3 中国乡村传播研究

自20世纪中期以来，从外部力量推动乡村社会发展的各种研究促使了我国乡村传播学的发轫。以社会学与传播学的交叉为基点的乡村传播学研究由此展开。20世纪90年代以来，大众传播与中国乡村社会发展的相关研究逐渐走入人们的视野。中国的乡村传播研究经历了从实证到理论总结的过程。

质性研究的主要入门方法是参与观察和案例研究。在Jensen，K. B. 等学者看来，这是一种能够洞悉人类事件本质与内核的技巧。参与法适用于个案研究与生活历史研究，因为它们都将焦点放在日常生活中，所有的细节由观察者感知，同时由观察者努力寻求其意义。一直以来，中国乡村传播关注的热点和焦点都在于通过村落调查和描写，深入探讨大众传媒之于乡土文化的意义，并考察现代传媒对于乡土文化变迁的影响。也正因为如此，传播学的民族志转向成为了传播学本土化探索的重要领域。国内部分学者在大众传媒与乡村社会发展及变迁领域作出过积极有益的探索。方晓红关于大众传媒与农村的实证研究是国内乡村传播研究的开始。她的研究论证了"农村的变革是媒介发展的动力"等观点，其研究

① 刘锐．2001—2010中国发展传播学研究现状与前景．国际新闻界，2011（6）.

的意义在于给全国提供了一个可资借鉴的示范。谢咏才、李红艳的《中国乡村传播学》则对中国乡村传播研究的必要性和现实性进行了详细论证，并对所要研究的对象、问题以及目的和意义进行了阐述，完成了中国乡村传播体系的建构。除此之外，李红艳的《乡村传播与农村发展》、谭英的《中国乡村传播实证研究》等都是以实证方法对中国乡村传播问题进行的研究。郭建斌的“独乡电视”研究系统考察和探讨了电视与独龙族村民的日常生活研究，开启了中国传播学民族志研究的先河。吴飞则是采用民族志方法对独龙族社区社会传播网络进行了深入观察和探讨。谭英的《传媒力量与乡土社会：一个土家村落的日常考察》、李春霞的《电视与中国彝民生活——对一个彝族社区电视与生活关系的跨学科研究》等都是这个领域的重要成果。他们的研究推动了中国传播学研究本土化的纵深发展。

近年来，参与式影像以及参与式传播逐渐出现在了中国乡村传播的相关研究中，它不仅是乡村社会组织传播的一种形式，同时也可以把它看作中国乡村传播研究的一种新表现，或是中国乡村传播的可能转向。在倡导参与影像的学者和实践者看来，影像应当给予民众一种声音，而不是一种信息。尽管对于参与式影像还存在不少问题和争议，相关的理论研究也还处于最初的阶段，但它在中国的实践其实已有十多年。目前，在中国一部分地区开展的参与式影像实践已经取得了一些成效。现在看来，参与式影像及参与式传播在一定程度上是缓解农民在信息传播结构中日益贫困化、弱势化和边缘化的一种新路径。作为草根民众利益表达的一种新方式，参与式影像和参与式传播或许可以帮助缓解当下乡村传播过程中出现的部分困境。从参与观察到参与传播，再到分享传播将是乡村传播的发展趋势。

1.2.4 村落研究

作为一个相对自成体系的文化承载单位，村寨或村落通常被视为“小传统”赖以传承的基本生活空间，通过对这种微型社区的研究可以透视中国农村乡土社会生活的本质。

从学术史的角度来看，有关中国村落社区的研究始于20世纪初。最早对中国村落社区进行文化人类学田野考察的学者，是美国社会学家葛学溥（Daniel

Harrision Kulp)。1918—1919 年，他带领学生到广东省凤凰村进行人类学、社会学调查，并于 1925 年出版了研究成果《华南乡村的生活——家族主义的社会学》。该书全面地描述分析了凤凰村的人口、经济、政治、教育、婚姻、家庭、宗教信仰和社会控制等。这可以视为中国村落社区研究的开端。20 世纪 30 年代中国的研究者开始对雷德菲尔德称之为“小传统”的乡间进行社会调查。吴文藻也提出从“社区”着眼来观察社会、了解社会。他认为“社区”（community）至少包括以下三个要素：（1）人民；（2）人民所处的地域；（3）人民生活的方式和文化。① 自然村落是“小传统”传承、创造和享用的基本单位。到 20 世纪三四十年代，一批中国的社会人类学者深入进行了对乡村社区的研究，产生了一大批研究成果。这其中，费孝通以其力作《江村经济——中国农民的生活》奠定了中国村落社区研究的基本范式之后，一种将村落视为中国“社会缩影”，力图通过小社区透视大社会的研究方法得以迅速确立。之后，民族学和人类学的学者们较为重视对乡村社会现实的田野调查，强调通过整体民族志的撰写，全面反映村寨社区的社会与文化。

1949 年之后人类学、社会学被视为资产阶级学科受到批评并被取消，而苏联模式的民族学则得以继续存在。在这一时期特定的国家政治背景下，我国的民族学、人类学学者纷纷转向对少数民族的大规模社会历史调查和研究，民族村寨社区随之成为学界关注的主要对象。与此同时，西方学者也失去了在中国大陆从事田野调查的可能，一些海外的汉学人类学家不得不借助大量的历史文献和对我国港台地区、新加坡等华人社区的调查资料，想象中国和认识中国。英国的汉学人类学家莫里斯·费里德曼(Maurice Freedman)在对新加坡的海外华人社区的实地调查基础上，于 1958 年出版了《中国东南的宗族组织》(*Lineage Organization in Southeast China*)。20 世纪 50 年代，美国人类学家雷德菲尔德(Robert Redifield)曾指出，非西方的文明社会既不同于西方社会，也不同于非洲等地的部落社会，非西方的文明社会可以称为“乡民社会”(peasant societies)。他将“乡民社会”的文化分为以都市为中心的上层“大传统”(great tradition)和广布于城乡之外的乡间的“小传统”(little tradition)②。20 世纪 60 年代后，随着我国港台地区田野作业地

① 吴文藻．吴文藻人类学社会学研究文集．北京：民族出版社，1990.
② 刘晓春．仪式与象征的秩序．北京：印书商务馆，2004.

点的开放，英美新学者重新采用社区研究方法，通过对我国港台村落的实地调查，陆续出版了部分著作。美国学者施坚雅（G. William Skinner）主张从经济区系和行政区系的视角来分析中国乡村社会的特质，并在1964—1965年间发表了《中国农村的市场和社会结构》。

进入20世纪80年代以来，民族学和人类学在中国重新得以恢复，大陆的田野工作地点逐步向海外学者开放，关于民族村寨的调查研究再次获得发展的契机。美国学者杜赞奇（Prasenjit Duara）撰写了《文化、权力与国家：1900—1942年的华北农村》。该书围绕“国家政权建设”和“权力的文化网络”两个核心概念，对华北的村落性质、宗族结构、宗教权力和地方精英等问题进行了探讨，并从社会史的角度分析了国家政权与乡村社会之间的互动关系。

对于中国本土的学者而言，进入20世纪90年代以来，村落研究几乎成为所有社会科学研究领域共同关注的焦点。众多学者分别从文化、社会、政治、经济等多学科角度，对村落社会进行了实地调查和分析探讨，形成了大量的村落研究著作及相关成果。王沪宁1991年出版了《当代中国村落家族文化——对中国社会现代化的一项探索》，通过对15个典型村落展开的实地调查，着力探讨了村落家族文化的背景、结构、功能及其在社会发展进程中的变迁。该书认为，村落家族文化具有中国乡村传统的组织特征和文化特征，在近百年的中国社会转型过程中，村落家族文化的基质正逐步向现代化社会特征过渡。1997年，王铭铭的《社区的历程——溪村汉人家族的个案研究》则以社会史的叙述架构描述了福建溪村的家族组织与社会过程。在他看来，家族既是仪式的合作体和社区认同的符号，又是一种社会—经济的组织形式。同时，王铭铭还根据对三个村寨的实地考察，出版了《村落视野中的文化与权力——闽台三村五论》，这本书立足于对现代性与权力之间关系的思考，集中探讨了民族—国家与传统家族社会组织之间的关系等一系列问题，以期达到反思现代性的目的。近年来，乡村传统文化的复兴与再造，与国家的政治、经济、文化制度的转型有着密切的关系。1997年，王铭铭、王斯福主编的《乡土社会的秩序、公正与权威》从不同角度对乡土社会中的文化、仪式等进行了深入分析，以探讨中国乡土社会的文化与权力问题。2000年，阎云翔在《礼物的流动——一个中国村庄中的互惠原则与社会网络》一书中，通过对黑龙江省下岬村的田野调查，分析了中国农村的礼物交换过程和社会网络培育。在他看来，村民的礼物交换体系会随着更大范围内的社会变迁而不断发展变化，从而满足他们自己的社会生活需要。刘朝晖在《超越乡土社会：一个侨乡村落的历史文化与社会结构》一书中，通过对福建新江村的田野调查，指出传统中国乡土社会的演变实质上经历着一个“乡土性——去乡土性——超越乡土性”的社会历史发展过程。在这一阶段的村落文化研究中，曹锦清、张乐天、陈中亚的《当代浙北乡村的社会文化变迁》、刘沛林的《古村落：和谐的人聚空间》、周晓虹的《传统与变迁——江浙农民的社会心理及其近代以来的嬗变》、阎云翔的《私人生活的变革：一个中国村庄里的爱情、家庭与亲密关系（1949—1999）》等著作，通过不同村落的实地调查和个案研究，分别对村落文化变迁、农民社会心理、民间宗教信仰、乡土社会权威以及村落民俗等问题进行了深入的探讨和剖析。

除了以上大量的村落社会文化研究成果外，来自社会科学其他研究领域的学者也从村落视角出发，对改革开放以来中国农村的社会、经济、政治转型进行了深入的探讨，如陈吉元、胡必亮主编的《当代中国的村庄经济与村落文化》、折晓叶的《村庄的再造——一个“超级村庄”的社会变迁》。这些对当前中国村落社会变迁及转型的深入分析具有相当的学术价值和现实意义。

1.2.5　民族村寨文化的现代建构研究

“每一种文化，都处于一种恒常的变迁之中。”① 文化是一个不断发展的动态范畴。所有得以传承延续下来的民族村寨文化都不是简单地复制从祖先那儿世代沿袭下来的传统，而是在这个沿袭的过程中，始终处于变动之中。伴随着社会大环境的发展和变化，民族村寨文化也相应地进行着持续不断的建构和发展。

法国社会学家菲利普·柯尔库夫认为，所谓“建构”，“这个词既指向以前的制造物（elaboration）产物（或持久或暂时），又指向重组的进程……在这个历史进程中，社会现实既被客观化又被内在化了。一方面，这些社会现实属于客观化的世界：个人和集体运用以前世世代代人们传下来的语词、物品、规则和制度等，他们对此加以改造并创新。这些客观化的并就它们而言已外在化的资源，反过来作为对行动的限制来发挥作用，但同时又是对行动的支撑。另一方面，这

① 克莱德·伍兹．文化变迁．施达维，胡华生，译．昆明：云南教育出版社，1989.

些社会现实也属于主观的、内在化的世界。此世界主要由感觉、感知、表象和认知的形式构成。学习和社会化的模式使外部世界的内在化成为可能，而行动者的个人和集体的实践活动则打开了个人世界客观化的道路”。① 从柯尔库夫的表述，我们可以这样理解少数民族村寨文化的“建构”，即它是多重力量的交互作用下少数民族村寨文化的重组与再造，同时也是其内在机制的自我调适与更新。

20 世纪末以来，“全球化” 成为了东西方学术界在描述和分析世界宏观秩序时的一个关键性的概念。随着外来异质文化的不断涌入，发展中国家的传统文化遭遇到了前所未有的冲击和影响。对于拥有 56 个民族的中国而言，现实的情境是面对冲击力强大的现代化力量，少数民族的传统文化发生了急剧变迁，这甚至造成了部分民族文化的流失和消亡。现实的发展和走向，使得有关少数民族村寨文化的保护及现代建构研究逐渐得到了学界的关注。

少数民族村寨被卷入现代化进程后，村寨传统文化必然面临来自内外各种力量或现或隐的刺激，这迫使它开始了更为复杂和立体的重组与再造。施达维在《民族村寨文化的现代建构》一文中，对我国少数民族村寨文化的发展轨迹做了概括，“从宏观层面来看，我国的少数民族村寨文化在传统乡土社会时期、新中国建立 30 年、改革开放以来这三个阶段，整体上呈现出‘沿袭—消解—再造’的发展轨迹”。② 这个建构过程与“地方性知识” 自身的文化逻辑以及外部信息传播网络都有着极强的关联性。在《民族文化，在阐释与建构中发展》一文中，施达维和魏东指出：“民族文化具有时间特性，是一种持续建构，取决于民族间性，民族文化的发展离不开吸收异质文化的营养。”

肖青在《民族村寨文化的现代建构逻辑》一文中提出，国家现代化进程中民族村寨文化变迁呈现出复杂多元的发展态势，但这种变迁绝不仅仅是民族传统文化事象的变异或流失，它还包括了传统的“地方性知识” 的复兴、重组和再建构。现代性没有也不可能完全颠覆乡土传统的生存空间，民族村寨文化也不会自动终止或彻底放弃自身固有的文化调适与更新机制，一味被动地接受现代化力量的消解和改造。地方性知识与现代性诉求之间始终存在着强大的张力，民族村

① 菲利普·柯尔库夫．新社会学．钱翰，译．北京：社会科学文献出版社，2000.

② 施达维．民族村寨文化的现代建构．民族艺术，2004（4）.

寨文化的现代建构逻辑将引导其“小传统”逐步走向现代性。①

今天，网络已经渗透到了社会生活的各个领域。对于少数民族地区而言，网络对于村寨文化的变迁和转型、扩散与重组同样有着巨大的影响。在《网络传播与云南少数民族文化的现代建构》一书中，庄晓东将网络媒介及其激发的社会文化变迁置于云南少数民族文化现代建构的理论背景下考察，从三个不同向度——作为媒介使用者的少数民族成员及相关社会文化变迁，虚拟世界的真实文化话语建构，民族地区政治博弈、经济发展和现代性变化的过程中网络传播的现代性效能——展开分析和研究。这对于我们认识网络文化与民族文化的互动和融通的规则与程式有着一定的意义。他指出“尤其是在信息化程度越来越高的现代社会，包括报纸、广播、电视、网络等在内的大众传播媒介都以不同的方式对少数民族文化的现代建构产生着不同程度的影响”。② 网络作为一种传播方式，在意义的内核上并没有特殊性，它与其他传播方式一样，均具有一种文化建构能力。但网络传播作为一种信息整合的媒介，可以更为有效地整合现有的知识。

民族村寨文化的形成与发展本身就是一个不断建构的过程。创新是文化变迁的基础，而建构则是文化变迁的一种积极形式，无论单个的民族村寨文化现代建构呈现出怎样的差异性，其建构过程必然遵循文化变迁的某些规律。总体而言，少数民族村寨文化的现代建构，是以相对独立的少数民族村寨作为基本场域，在多重力量立体交叉的文化网络中对民族村寨文化所表现的外显形式以及所内含的潜在功能的建构。

1.3　相关概念及理论

在进行具体的研究阐述之前，我们有必要先就研究中需要涉及的几个关键概念进行厘清，这有助于进一步明确研究的目标和对象。

1.3.1　文化

人类学家格尔兹在《文化的解释》中指出：“我所采纳的文化概念本质属于

① 肖青．民族村寨文化的现代建构逻辑．思想战线，2008（3）.

② 庄晓东．网络传播与云南少数民族文化的现代建构．北京：科学出版社，2010.

符号学的文化概念……认为人是悬在由他们自己编织的意义之网上的动物，我把文化看作这些网。”① 爱德华·T. 霍尔认为，文化是人的生存环境。人类生活的任何一方面无不受到文化的影响，并随着文化的变化而变化。就是说，文化决定了人的存在：表达自我的方式（包括感情的流露），思维方式，行为方式，解决问题的方式，规划和建设城市的方式，运输系统的组织和运行，以及经济与政府的关系和发挥作用的方式。然而……正是这些在一般情况下都是最明显，又习以为常的，也是研究得最少的文化侧面，以最深刻和最微妙的方式影响着人们的行为。②

德国思想家赫尔德在他的名著《人类历史哲学概要》中，给文化定位了三个基本特征：首先，文化是一种社会生活模式，它的概念是个统一的、同质的概念，无论作为整体还是社会生活的方方面面，人的每一言每一行都成为“这一”文化无可置疑的组成部分；其次，文化总是一个“民族”的文化，用赫尔德的话说，它代表着一个民族的精华；最后，文化有明确的边界，文化作为一个区域的文化，它总是明显区别于其他区域的文化。可以说，这三个特征迄今一直被认为是关于文化理论的权威定论。赫尔德对文化定位的三个特征强调了定位“文化”的三个主轴：主体——“文化”的民族性，这直接强调英法所强调的文明的普适性话语；空间——“文化”的边界性，一定的文化有一定的地域属性；时间——“文化”的统一性、系统性。一定的文化是在一定的时间过程中才会逐渐涵蕴成形的。③

“文化”是英语中最复杂的词汇之一，它包含的含义范围广阔且伴随时间的推移有诸多变异。在现代社会中，文化有许多主要定义。雷蒙·威廉斯梳理了其中最有影响力的四个定义。一是“高雅文化”，其意义与“艺术”和“文明”相近；二是个人修养，比如我们可以说“有文化修养的人”；三是文化产品，诸如书籍、电影和电视节目；四是一个特定群体的人们的“全部生活方式”。④在这四

---

① 克利福德·格尔兹．文化的解释．纳日碧力戈，译．上海：上海人民出版社，1999.

② 萨姆瓦，等．跨文化传通．陈南，等，译．上海：生活·读书·新知三联书店，1988.

③ 姜飞．传播与社会．北京：中国传媒大学出版社，2011.

④ 戴维·英格利斯．文化与日常生活．张秋月，周雷亚，译．北京：中央编译出版社，2009.

条关于文化的界定中，第四条，即文化是一个特定群体的人们的“全部生活方式”，作为一条最具原创性的定义也应该是关于“文化”最为一般层面的阐述。本研究对于文化以及少数民族村寨文化的理解和阐释都是以这个定义为出发点进行的。某种程度上，一种“文化”随时间的推移而延续。它有能力经受时间的流逝、转变以及被转变。一个群体的文化有别于另一个群体的文化，即每一个群体都拥有“自己的”文化。文化包含诸多意义，且文化本身是有意义的。这些意义在于，它们是群体中的人们用以理解并智慧和感性地回应他们周围世界的方式。① 一个群体的文化使得这个特定群体中的人得以理解这个世界；它是人们借此体验和理解周围世界的框架。

1.3.2 布尔迪厄的“场域理论”

“场域”是布尔迪厄社会学理论中的核心概念之一，他这样定义“场域”：“从分析的角度来看，一个场域可以被定义为在各种位置之间存在的客观关系的一个网络，或一个架构。正是在这些位置的存在和他们强加于占据特定位置的行动者或机构之上的决定性因素之中，这些位置得到了客观的界定，其根据是这些位置在不同类型的权利或资本的分配结构中实际的和潜在的处境，以及它们与其他位置之间的客观关系（支配关系、屈从关系、结构上的同源关系等）”。② “场域”是特定的社会空间中，不同位置的各个行动者之间相互形成的关系网络，以及所表现出来的各种社会力量和因素的总和。“场域”（field）是贯穿布尔迪厄研究始终的核心概念。场域“始终都是具体的实际活动的场所，而且始终是作为实际活动的动力和基础的力的相互关系，同时又作为同样实际的展开过程和结果的力的相互关系”。在布尔迪厄看来，“场域”既是一种结构性的存在，又是一种建构性的存在，它具有随着结构关系变化而不断进行自我调适与更新的能力和机制。社会行动者，一旦进入到某一场域，必然表现出与该场域相一致的行为并使用该场域中特有的表达代码。

布尔迪厄的“场域”概念涉及对人们的关系、地位的分析以及对行动者占

① 戴维·英格利斯．文化与日常生活．张秋月，周雷亚，译．北京：中央编译出版社，2009.

② 皮埃尔·布尔迪厄，华康德．实践与反思：反思社会学导引．李猛，李康，译．北京：中央编译出版社，2004.

据的位置的多维空间的阐述。尽管学者们对于布尔迪厄的“场域”概念有着各自不同的解读，但大家的解读中都包括了几个相同的点：其一，场域建立在关系的基础上，场域内有复杂的关系；其二，场域中以及场域之间充满竞争，这是场域运动的表现；其三，场域体现着行动者的努力方向和努力成果。在进行社会研究时，布尔迪厄继承了拉德克利夫-布朗的整体性观点，主张把社会看作由社会中的人及其文化的复杂关系交错联结而成的有机生命体。他的场域理论强调不同位置的“行动者”之间的相互关系和作用以及场域自身的“建构”与“被建构”的过程。因此，从这一理论视角出发，本研究也将着重考察民族村寨文化现代建构过程中，囊括了人际传播、组织传播和大众传播的社会传播网络如何在这个文化场域中产生影响和作用，以求进一步探讨社会传播网络与民族村寨文化现代建构之间的深度关联。

1.3.3 伍兹的“文化变迁理论”

变迁是所有社会文化体系中不变的现象，文化变迁也就成为了文化人类学研究的主要课题之一。美国人类学家克莱德·伍兹在《文化变迁》一书中对西方文化人类学中有关变迁研究的理论、方法等作了深入浅出的归纳。他认为：“变迁在整个社会文化系统中是恒定的，虽然变迁的速度及其表现形式因具体情况不同而存在极大的差异。”① 创新是所有文化变迁的基础，包括文化长期的变异、发现和传播借用。文化在本质上是人与环境相互作用的产物，当一个社会文化环境或自然环境发生改变时，自然会出现人们为应对环境变化所给出的新的反应方式，所以“在任何情况下，当环境的改变需要新的思维和行为模式时，社会文化变迁的必要条件就出现了。”② 当然，反过来，当社会中发生了创新活动，也可以促使社会文化或自然环境的改变，这是一个双向互动的过程。在伍兹看来，文化创新的主要原因与形式是传播或借取，这是社会文化变迁最基本的形式。文化变迁其实是一个辩证的过程，因为“一方面变迁中必然有某种文化传统的连续性，否则就是文化的断裂或消亡，另一方面在传统的连续中必然产生变迁，否则

① 克莱德·伍兹．文化变迁．施惟达，胡华生，译．昆明：云南教育出版社，1989.
② 克莱德·伍兹．文化变迁．施惟达，胡华生，译．昆明：云南教育出版社，1989.

这种文化也由于无法应付环境的挑战而窒息了自身的生命力。”①

作为传播学与人类学交叉研究的一次学术探究之旅，本次研究引入了伍兹的“文化变迁理论”。社会变迁和文化变迁之间有着密切的关联，在研究文化的变迁与现代建构过程中，必须认真考察社会变迁带来的重大影响和作用。社会变迁是一个复杂而系统的概念，它涉及政治、经济等各个方面的转变，所以在一定程度上，宏观的历史发展与社会变迁有着密切关联，同时，社会的变迁又影响着文化的现代建构。从伍兹的“文化变迁理论”出发，我们可以观察到文化变迁与社会变迁之间紧密的连接。

1.4 研究框架

选择社会传播网络与民族村寨文化的现代建构作为论文的研究主题，除了学术兴趣上的倾向外还有研究可行性的考虑。但是寻找一个什么样的框架或是研究视角来观察两者之间的关系是我在进行本次研究之初最为头疼的问题。在上述相关理论的基础上，本研究将以“小地方”的“社会史”为叙述框架，在“国家—社会”关系视野中具体探讨社会传播网络与民族村寨文化现代建构的关系，力求能全面、真实地反映出各种传播方式在村寨文化现代建构过程中实际产生的影响和作用。

全书共分六个部分。第一部分为绪论，简要阐述研究缘起并对国内外相关研究进行归纳总结，力图通过梳理相关研究成果，为社会传播网络与民族村寨文化现代建构之间的关系研究找到一个很好的注脚。通过厘清与本研究相关的概念、理论，更进一步明确界定研究的范围。同时，还将对本次研究的框架和研究方法进行概述。

第二部分为岜沙概况，将在历史的脉络下对岜沙村寨的概况进行描述，并从服饰与发式、婚俗、丧葬习俗、节庆文化、宗教文化以及火枪文化等方面对岜沙村寨文化的形成及具体表现进行细致的梳理。传统乡土社会中，民族村寨社会的口头传统、历史习惯、象征仪式、集体记忆等多种元素相互支撑、相互印证，以

① 克莱德·伍兹．文化变迁．施惟达，胡华生，译．昆明：云南教育出版社，1989.

内源式建构的方式共同模塑出村民集体共享的民族村寨传统文化。

第三部分为人际传播：民族村寨社会传播网络的核心圈层。人际传播作为村寨里发生频率最高的传播活动，也是最原始、最基本、最丰富的传播方式。人际关系是村庄秩序维系的重要纽带，而人际关系是在人际传播中展开，故而人际传播处于村庄社会传播网络的核心圈内。随着手机等间接人际传播媒介的出现，村寨生活中区别于直接人际传播的新的传播方式开始流行开来，并对村寨传统文化的传承产生了一定影响。人际传播的研究无可回避地要涉及"关系"的讨论。乡土社会的关系是按照亲疏远近的原则建构的"差序格局"。但是，随着社会转型的加速，经济迅速发展以及市场经济交换关系逐渐解构了"差序格局"这一传统的结构，人际关系理性化倾向日趋明显。"文化反哺"则是在社会转型背景下出现的不同于传统社会的信息传播方式，它在一定程度上改变着村寨文化的传承方式与内容。

第四部分为组织传播：基于国家力量的引导性建构。随着一系列制度性变革和社会运动的发生，民族村寨及村民个体都纳入了高度一体化的国家行政管理体系中。民族村寨的传统结构被彻底打破，国家权力史无前例地渗透到乡村社会的最底层，并随即从村寨政治、经济领域直接延伸扩张到村寨文化领域。在"规划的社会变迁"中，国家通过强大的政治、经济、文化等手段，建构起一整套全新的意识形态话语，这些改变已经深度触及到了村寨的传统组织结构与生活方式。"获得一种语言就意味着接受一套概念和价值"，现代教育体系在村寨的建立，一方面给村民打开了一条通往现代化的道路，但是另一方面也促使村寨文化传承的方式和内容都发生了改变，而且这样的影响已经越来越明显。

第五部分为大众传播："媒介化社会"影响下的民族村寨文化变迁。对于本次研究，有一个不容回避的语境就是"媒介化社会"。少数民族社区不论从其存在的地理区域，还是其社会发展状况等方面，显然都处于当下文化交流和互动的弱势地位，这使得它们不可避免地被卷入到了媒介化社会的影响之中。大众传媒的触角已经深入到乡村社会生活，小小的村寨自然很难抗拒外界的影响。媒介化社会不仅是对当今时代特征的一个重要表述，也是民族传播研究中首先要面对的一个基本背景。以电视为代表的大众传播媒介在村寨的逐渐扩散，已经把村寨带入了一种全国一体化的媒介环境中。外来文化在大众传媒的裹挟下不断涌入民族村寨，这不仅改变了乡村的生活方式，也使乡村特色文化资源逐渐弱化，许多传统文化不断均质化、淡化，甚至是流失、消亡。由此，传统记忆不再鲜活，乡村社区记忆逐渐退守乡村社会生活的边缘，村落社会记忆出现了断裂的可能。乡村文化所发生的“传导性变迁”中，大众传媒发挥了其作为“传导媒介”的作用。电视一方面使得村落中新生代人群的社会化过程与村庄历史和现实脱节，另一方面也加速了原有人群异质化的过程，实现了再社会化。青年一代已不再全面认同传统生活方式和文化观念。外来文化的异质难以融合与传统文化的非理性解构，使当代村寨文化呈现一个变化中的“空洞”状态。原有的文化生态被打破，新的文化秩序尚难建立，乡村的文化生活陷入了困境。

第六部分是结论。根据拟定的研究方法，逐步实施，将田野调查所获得的现实材料以及各类文字材料结合，通过综合分析和阐释，进一步向结论推进，深入探讨社会传播网络在民族村寨文化现代建构过程中所扮演的角色、两者之间的互动以及完成对社会传播网络微观层面的考察和探索。现代社会，信息的流动往往是以不同的传播渠道同时扩散的，很少会按照单一的传播方式进行，这让我们看到，一个社区中的传播网络其实就是一个多层次、动态交叉的复合体。这个复合体在运行过程中最为关键的节点是“乡村精英”和村寨里的能人，他们对于村寨现代化进程有着重要的影响。借助社会传播网络的触角，来自异域或现代社会的文化开始了一场民族村寨里的文化旅行。社会传播网络作为一个有力的“推进器”，正在全方位、立体交叉地参与到少数民族村寨文化的现代建构过程中，且影响力日益扩大。

1.5　研究方法

社会传播网络以及村寨文化的现代建构本身就涉及传播学、人类学、社会学、心理学等多个学科的内容，在对这两者关系进行深入探讨和展开具体研究的过程中，选题本身决定了必然需要涉及多种不同的研究方法，这是让研究的科学性具有保障的同时又能兼顾到细节的重要策略。总体而言，这项研究主要运用了包括传播民族志、深度访谈、问卷调查以及过程—事件分析在内的多种方法。

1.5.1 传播民族志

"民族志"是对人以及人的文化进行详细地、动态地、情境化描绘的一种方法，探究的是一个文化整体性生活、态度和行为模式，它要求研究者长期地与当地人生活在一起，通过自己的切身体验获得对当地人及其文化的理解。① 民族志（ethnography）既可以理解为一种理论，但更多的是把它理解为一种研究方法。"ethnography"一词中的词根"ethno"意指"一个民族""一群人"或"一个文化群体"；② graphy 是绘画、图像的意思，"ethno"作为前缀与"graphy"合并组成"ethnography"以后，便成了人类学一个主要的分支，即"描绘人类学"，所以，Ethnography 的意涵是"人类画像"，并且是一种同一族群当中人们"方向或生活"画像。③

作为解释性研究方法的代表，它是 20 世纪初期由文化人类学家创立的。1985 年英国当代文化研究中心（CCCS）的理查德・霍加特出版《文化的用途》一书，他被认为是把"民族志"方法转移到文化研究中的始作俑者。早期的民族志研究始于西方发达国家的学者对世界上其他地区原始文化的兴趣。人类学家博厄斯从 1886 年开始到美国西北海岸的印第安部落去作实地调查，成为了实地调查方法的开创者。英国人类学家马林洛夫斯基是在社会科学领域真正开展长期实地调查传统的学者。博厄斯和马林洛夫斯基的方法极大地影响了之后的人类学家。费孝通在《江村经济》中谈到："为了对人们的生活进行深入细致的研究，研究人员有必要把自己的调查限定在一个小的社会单位内来进行。这是出于实际的考虑。调查者必须容易接近被调查者，以便能够亲自进行密切的观察。另一方面，被研究的社会单位也不宜太小，它应该能提供人们社会生活的完整切片。"④

在人类学与社会学领域，民族志已经是一种相当成熟的研究方法，但把它运用于传播学的研究则相对较晚。传播民族志（ethnography of communication）是从

① 安・格雷．文化研究：民族志方法与生活文化．许梦云，译．重庆：重庆大学出版社，2009.

② 陈向明．社会科学质的研究．台北：五南图书出版公司，2002：33.

③ Wolcott，F. Ethnography Research in Education. Jaeger R. M. （Ed）Complementary Method for Research in Education. Washington，DC：AERA，1997：328.

④ 费孝通．江村经济．北京：商务印书馆，2005.

文化人类学和社会语言学中演化而来的传播学的分支学科。德尔·海默思（Dell Hymes）用自己开创性的研究奠定了传播民族志的理论基础，被誉为传播民族志创始人。他总结了此类研究的两大特征：其一，它让我们注意到需要新鲜的第一手资料，需要直接考察语言在情境背景中的使用，以揭示适合于语言活动的模式，这些模式在单独的语法、人格、宗教、亲属关系及其他类似物的研究中是无法被揭示的。其二，它必须把一个社区作为语境，把传播习惯作为一个整体来进行考察，这样，任何特定的传播渠道及符码的使用都是作为社区成员所依赖的共享资源的一部分而发挥作用的。①格里·菲利普森（Gerry Philipsen）则进一步发展了该理论，并通过自己的研究把传播民族志真正地导入了传播研究中来。柯克·约翰逊的《电视与乡村社会变迁：对印度两村庄的民族志调查》应该算是早期传播民族志研究中的代表作。

没有任何一种方法是万能的，不可避免地会存在相应的缺陷或盲点，作为一种质化研究方法，民族志也受到过挑战和责难。民族志书写的要求是客观地呈现观察对象的原始生活，尽量不去打扰观察对象，尽可能保持价值“中立”。但在实际的民族志田野调查中，确实难以做到“不打扰”，这也让民族志田野调查所获得的各种材料受到质疑。这些质疑主要来自三个方面：首先是关于研究样本无法反映总体情况的探讨。这也是埃德蒙·利奇对从事“微型社会学”研究的学者提出的方法论上的质询。学者们质疑，从“简单原始社会”提炼出来的小地方调查与描述方法不足以用来反映社会宏观历史体系与文明的复杂社会特质。其次是这些个案研究结论的普适性，即研究结果的推论性问题。质化研究注重对研究对象进行社会的、文化的理解，更倾向于与个案式解释模式的结合，故而个案一般很难代表整体。最后是关于研究的主观性质疑。在质性研究中，研究者本人就是主要的研究工具，加之研究不是在纯客观的环境中进行，所以研究者个人的各种因素都有可能影响到研究的进程以及结果。在来自各个层面的责难中，最大的质疑就是代表性的问题，即对于一个社区的研究如何赋予其普遍的代表性。

费孝通先生认为，民族志研究的意义在于提供一种类型比较的参照，而不是过分追求“一滴水看见大海”的推演。对于不同社区的研究原本就是一个案例

① 吴飞. 火塘·教堂·电视：一个少数民族社区的社会传播网络研究. 北京：光明日报出版社，2008.

积累的过程，虽然单个的社区个案不足以完整地展现某一类问题的全貌，但相对于整体而言，这一个个鲜活的社区个案又是独特而不可或缺的存在。作为质化研究方法代表的民族志其实是按照不同于量化研究的路径对社会现实所做的考察与探讨。所谓“法无定则”，民族志传播学研究的路径在让研究者获得更为全面、更为深入细致的材料的同时，也确实可以扩展我们进行传播研究的角度和视野。由此看来，民族志的方法对于这项针对民族村寨文化建构的研究有着独到的价值和意义。

1.5.2 深度访谈

深度访谈属于质化研究，它是一种有特定目的的会话。在新闻传播学界，深度访谈常运用于收集资料类型的研究中。访谈，以对话的方式展开，但又有别于一般意义上的日常对话。访谈的目的性更强，有着明确的指向，无论是访谈的具体内容还是整个过程，一般都经过有意识的安排和控制。同时，在访谈过程中，访问者和受访者一般情况下处于不对等的关系，前者需要通过有指向的提问和谈话向后者汲取所需信息。

深度访谈与社会科学研究者所熟悉的调查访问有不同。一般而言，深度访谈被归入质化研究（qualitative research），而调查访问则属于量化研究（quantitative research）的范畴。深度访谈在采访对象、内容设计、历程控制以及信息诠释等方面也都有别于调查访问。“专业性的深度访谈，是由拥有专门访问技巧的访问员对待一个符合特定条件的访问对象，使用非结构式的方法进行个人对话式访问，以揭示潜隐的关于特定行为、动机、目的、态度、感受的报告并发现其内在的关联关系。”①

对于本次研究，因为涉及大量个人的层面的感悟以及族群的历史记忆，故而选择了这样一种较好进入受访者思想层面的研究方法。文化的建构，有历史的渊源，也有当下的点滴改变以及未来的可能走向，这些内容作为一个外来的他者，我很难在短时间内通过田野调查获得最为深入和细致的材料，深度访谈研究方法的使用在很大程度上弥补了上述缺失。通过深度访谈获得的材料，能让作为研究

① 袁岳，范文，陈晓丽．深度访谈——如何交结陌生人．北京：机械工业出版社，2006.

者的我了解到那些无法观测到的受访者的内心感受以及那些不可能再重演的村寨的各类事件和历史。

1.5.3 问卷调查法

问卷调查法主要指通过发放由系列问题所构成的问卷对被访者进行资料收集以测量其行为和态度的研究方法。艾尔·巴比在《社会研究方法》中指出，调查可适用于描述性、解释性和探索性研究，通常以个体为研究单位。① 因为相对的便利、客观以及样本更具代表性等优势，问卷调查法成为在社会科学研究中经常被使用到的方法。它具有三个特点：一是以提问方式，间接获得材料，而不像观察法直接以感官或者借助仪器去感知现实，获得材料；二是在自然状态下主动收集材料，避免了观察法被动等待观察对象出现的弊端，也克服了实验法需控制条件的限制；三是以现状为研究对象，可直接与被试者接触。②

对岜沙苗寨的研究，经历了前后共四次的田野调查。为获得更为扎实和具体的数据材料以及充实自己访谈内容，我针对在论文中需要阐释的各个部分，进行了多次不同主题的问卷调查。这些问卷调查的主题包括：村民受教育水平调查、苗寨日常生活变迁调查、村民媒介使用情况调查、村民看电视主要动机及时间分布调查、电视传播对村民购买行为的影响程度调查等。这其中既涉及日常生活变迁的内容，也涵盖了媒介使用情况的各项指标，应该能比较完整地反映出岜沙苗寨的人际传播、组织传播以及大众传播三个层面的具体情况。这些相关的问卷调查基本由个人完成，其中艰辛自不必说，但由于时间和人力的限制，我的问卷调查的样本基本上是以村民介绍的方式选取，这对于拥有 5 个自然村，总人口达 2000 多人的岜沙苗寨而言确实很难做到完成科学的随机抽样，势必会对样本选择的科学性带来损害。唯一值得欣慰的是，通过前后四次的田野调查，我发现岜沙苗寨各个自然村的村民们，在所调查的相关问题上，具有基本相仿的生活方式和行为模式，这能在一定程度上弥补问卷调查样本的非科学性以及调查数据的可信性。

---

① 艾尔·巴比．社会研究方法（第 10 版）．邱泽奇，译．北京：华夏出版社，2005.

② 吴飞．火塘·教堂·电视：一个少数民族社区的社会传播网络研究．北京：光明日报出版社，2008.

1.5.4 过程-事件分析法

“过程-事件分析”是孙立平教授在对国家与社会关系进行分析时所倡导的。这一研究策略最基本的出发点在于尽最大努力将研究对象由静态的结构转向由若干事件所构成的动态过程。孙立平认为，在静态的结构中，事物本身的一些重要特征、事物内部不同因素之间的复杂关联，以及这一事物在与不同的情境发生遭遇时所可能发生的种种出人意料的变化，都并不是前在地存在于既有的结构之中。相反，只有在一种动态的过程中，这些东西才可能逐步展示出来。①“过程-事件分析”意味着在研究者的眼中，社会事实被看作动态的过程，而非静态，也就是说，这是一种将社会事实看作动态的、流动的研究策略。研究者需要对社会事实进行动态且连贯的观察和描述，进而进入解释层面。这样的研究策略本质上推进了我们对于一个社区或是一个族群进行观察的深度和细度，能让相关研究更为立体且活跃。

社会传播网络是一个动态的研究对象，从事件的动态进程透视背后的社会结构以及文化变迁，对于我的研究具有重要的意义。这一研究方法将会帮助我在对邑沙苗寨的日常生活进行“深描”的同时，进一步去透视社会传播网络如何从各个层面作用于民族村寨文化的现代建构。

总体而言，这项研究是将“质化”和“量化”两种方法尝试性地结合起来。量化研究可以使我对于邑沙苗寨日常生活以及文化变迁的整体状况有一个更直观的了解，而质化研究则能借助典型个案的分析加强我对于相关问题局部细微变化的把握。在我看来，这样的结合才有可能更为客观和深入地记录以及描述研究对象以及两者之间的关系。

① 孙立平．现代化与社会转型．北京：北京大学出版社，2005.

2 岜沙概况

2.1 自然条件

岜沙苗寨地处贵州省黔东南苗族侗族自治州从江县丙妹镇西南面，距离从江县城 7.5 公里。村寨土地面积 18.2 平方公里，海拔 480~660m，属中亚热带季风气候，年平均气温在 16°C 左右，年平均降雨量为 1050~1250 毫米，气候温和，雨量充沛。整个村寨的森林植被覆盖率达 80%以上，村寨四周都是大面积的古树林和竹林。岜沙苗寨由 5 个自然寨组成。这 5 个自然村寨分别散落在月亮山麓的几面山坡上。根据农业普查登记情况，截至 2017 年 2 月 15 日，全村共有 16 个村民小组，515 户，人口共计 2568 人。①

这个世代与月亮山麓相依相存的苗寨村寨，在大山深处过着与外界鲜少交往的自给自足的小农生活。与世无争的岜沙人，日出而作，日落而息。月亮山麓，满山遍野古树参天，黛绿、深绿和淡绿是这个山寨的主色。(见图 2.1)

在旷惠民关于岜沙苗寨的第一次采风里，记录着他 1989 年第一次来到岜沙苗寨时的感受：

> 第一次去贵州是在 1989 年。
>
> 那年秋天，我去贵州山区摄影采风。从凯里到从江县的长途班车行驶在清晨的山路上，放眼过去，一个个古老村寨、依山而建的吊脚楼、梯田在清晨阳光里焕发出金子般的光彩……
>
> 车从县城出来，路不好走，在尘土中颠簸行驶的车子，突然断了轴。下

---

① 资料来源：从江县丙妹镇政府 2017 年 2 月最新人口统计资料。

图2.1 岜沙苗寨（摄于2014.2.1）

车猛然回头间，看见林间的公路上走来一些身穿黑色服装、肩担谷穗的赶路人，我以为自己回到了古代，心中无比惊骇。他们身穿右衽右开圆铜扣黑色衣、宽大的黑色直筒裤，头上四周剃光，挽着发髻，一副古人的装束打扮。同车贵州朋友见我困惑的样子，告诉我，他们是从江岜沙苗族人，居住的村落就在前面路边。看见他们离去的背影，“岜沙”这个名字回响在我的脑海中。那天我就在岜沙留下，开始了我的第一次拍摄。

……

十月是收获的季节，岜沙寨子里一派金色的收获景象。走在坎坷不平的村寨小路上，很多村民放下手中的农活，用好奇的眼光看着我，就连玩耍的小孩也成群地跟在我的身后。置身于岜沙苗寨，时光仿佛将我拉回到数百年前：寨子里随处可见女人们操纵木纺机、织布机纺线织布，或者在对面山上的农田里搭灶烧水印染土布。岜沙人不兴打谷，谷子熟了，就一根根连禾杆带谷穗从田里摘下了捆好挑回寨子，再一把把捆好晾到禾架上，等晒干后放进路旁自家粮仓。男人们手持禾刀在田里收割，拉过一把从根部一勒，女人们在后头捆绑好整整齐齐地码成堆，孩子们在收割完的田中捡拾着遗漏的谷穗……岜沙人就这样在群山峻岭中开垦片片梯田，延续着族人古老的生活方式。①

贵州山区的苗寨，往往都会选择在有天然屏障的地方（如高山密林）安村扎寨，依靠自然环境给予的天然保护获得更多的防御优势，以此来增强村寨自身的保卫能力。岜沙和其他苗族同胞一样，在月亮山麓的茫茫林海之中建造了村寨。整个苗寨聚族而居，依山而建，背靠大山，同时又接近都柳江，水源方便。房屋靠山一面多为阳坡，这是为了让房屋最大限度地获得日照，减少潮湿，同时又视野开阔，便于观察防守。岜沙人的房屋大多背靠陡坡，用石块垒出一个向外延展的屋基，在屋基上盖吊脚楼。依山而建的杆栏式吊脚楼随地起伏，或高或低，常年掩映在古树林中，与青青翠竹交织在一起，自然而和谐。房屋的排列与山脉保持一致，村寨山势纹理清晰。山顶的古树林为风水林，村子的最下方是成片的楠竹林，竹林下方是稻田，背阴和冲沟的古树林则是墓地，村中的石板路向下一直延伸至古井。村寨修建房屋余下的部分是山脚、溪谷，这些多是土层较厚、土地较为肥沃的地带，宜于耕作。岜沙聚落的房屋或与山体等高线平行，或成一定角度，前后房屋之间的距离最近的不足 2～3 米，整个村落的房屋完全顺应地形地貌，成不规则的布局，远远望去，层层叠叠，蔚为壮观，完全与大自然融为一体。古树丛中依稀可见鳞次栉比的吊脚楼，山寨炊烟袅袅，几声鸡鸣狗吠，几句断续的苗歌，给这个古老的村寨平添了几分诗情画意。对于习惯了钢筋水泥的都市人，岜沙，仿若世外桃源。

岜沙村民以传统农业为主要生计模式。这儿的耕地主要以梯田型稻田为主，依靠雨水和山泉灌溉。在岜沙，全村共有耕地面积 1771. 2 亩，其中水田 1292. 2 亩，其余均为旱地，主产水稻，其次是小麦、包谷、小米和薯类等。糯米是岜沙人日常生活的主食，糯米也就成为了岜沙最重要的农作物。村寨曾经在县政府的帮扶下种植椪柑，后来很多果树因黄叶病而枯死。目前，一部分村民们种植有杨梅树，但因杨梅耐储存的时间比较短，且运输条件要求较高，所以大部分的村民并未加入种植的行列。除此之外，剩余的田地则用来种植蔬菜。②

① 旷惠民．岜沙十五年：一个苗族族群的消解与变异．焦点·风土中国，2006.

② 张广渊．中国传统村落——岜沙（二）：贵州省从江县岜沙苗族研究文集．2016.

村寨里，祖母石、芦笙堂、守垴坡、古井、古树林、石板路、禾晾、禾仓等文化要件仍保留着原始的空间格局和形态。岜沙的禾仓为悬山屋顶，上盖杉树皮或小青瓦，四柱落地，多为方形或长方形。糯谷原始的收割方式造就了村寨秋天里最独特的风景——禾晾。禾晾一般五六米高，四五米宽，大多建在村寨周边的禾仓附近。金秋时节，村民们从农田里收割来的糯谷穗子，被十斤左右捆成一束，然后由人爬上禾晾一排排挂起来。当挂满糯谷穗后，金灿灿的一整片。此时的禾晾像一面面金色的屏障屹立在村边寨角，形成了一道独特的风景，极其壮观。一两个月的风吹日晒后，糯谷穗被收回各家的禾仓。每到要吃糯米时，到禾仓里取上一两捆，放到专用的脚踏石碓里舂，再经过水煮，就可以吃到手抓的美味香糯。

千百年来，岜沙苗寨延续着崇尚自然、崇拜树木、保护森林的习俗。岜沙地处深山之中，由于需要依赖大自然才能获取食物并生存下来，所以苗寨至今仍保留着惜林护林的观念。如果有人毁林开土，则会被视为与全寨人作对，要接受惩罚。在漫长的历史演进中，每一代的村民都恪守着禁止乱砍滥伐的村规民约。全村男女老幼，对外村进山盗伐林木的制止与处罚被大家视作自己义不容辞的必尽职责并付诸实践。"砍树，树会痛"，这是岜沙人最为质朴的拟人化的对树木的态度。岜沙人不仅铭记于心，而且也采取了实实在在的保护树木的措施。在《岜沙村村规民约》中，第二十二条明确写着：自觉维护本村自然环境，珍爱林木，禁止使用畜力车或机动车拖运木材或柴火往外贩卖，需要卖柴火换取生活必需品的，只能以人工挑的方式挑到县城集市上出售，违者，罚款"三个一百二"（120 斤米、120 斤酒、120 斤猪肉，简称"三个一百二"）。① 虽然因此全寨的耕地面积扩展不大，依旧是林多耕地少的局面，但代代相传保护生态环境的良好习惯却为岜沙村民带来了四季常青的森林绿地。村民们日常生活所用的柴火也都只限于修剪杈枝或枯树。

在县城的街头，前些年还常常能看到挑柴进城去卖的岜沙男子。月亮山的柴禾材质好，经烧，价格自然也就比其他地方的略高，但是这些卖柴的人每天只卖一挑，从不多卖。而且往往是家里实在没有办法了村民们才会在自家的林地里砍柴卖。更值得一提的是，在这公路穿行而过的两千多人的山寨，大约在 2008 年

① 资料来源岜沙村村规民约。

以前还没有一辆马拉车。那时候人们运货、进城赶集仍旧肩挑手提，徒步行走。究其原因，从岜沙人的讲述中我得以清楚原委。在岜沙人看来，畜力运输工具载重量大，这样的话砍伐木材的可能性就大，森林和环境的保护就会变得困难重重，时间一长，对森林的砍伐一定会超过森林的承受能力。联产承包责任制后，按照政策每家每户都划定了自家的山林，但大家并未因此随意砍伐树木，而是愈加管护。要把森林留给子孙后代的质朴观念厚重而坚实。(见图 2.2)

图 2.2　岜沙村寨树木繁茂

月亮山麓，林海茫茫，漫山遍野，苍翠欲滴。村民家的房前屋后，古树参天，蝉鸣鸟叫。生活在这里的岜沙人，沿袭着从祖先那儿传承下来的朴素的生态观念和朴实的生活方式，孕育且养护着这一片苍翠茂密的大森林。

2.2　历史传说

苗族的历史就是一部迁徙史。关于苗族，资料记载：苗族源于黄帝时期黄河中下游的一个部落，后与黄帝部落发生战争，即历史所称的“涿鹿大战”。在战争中，皇帝与炎帝联合，九黎首领蚩尤被黄帝擒杀，余部退入长江中下游，形成“三苗”部落。最后三苗国被夏禹所灭。留驻长江中下游和中原地区的“三苗”后裔，有部分与华夏融合；另一部分形成商周时期所称的“南蛮”；还有一部分继续迁入黔、湘、桂、川、鄂、豫等省山区，成为今天苗族先民。从炎黄时代到中华人民共和国成立，从黄河流域到长江流域，从江湖平原到西南山地，苗人为了生存和发展而迁徙，他们一边作战，一边四处迁徙流浪，苗人的后裔在大山深处延续着他们顽强的生命，岜沙苗人就来自那时迁徙队伍中的一支。

岜沙苗寨所处的月亮山麓，有山有水，森林茂密。据考证，岜沙苗寨属黑苗的支系。关于最早到达这里的祖先，有各种传说和故事。2012年，在由联合国教科文组织和国家文物局牵头的“千年发展目标基金在中国”项目中，经各方收集、汇总、整理出关于从江县的文化绘图系列小册子，其中一册就是《岜沙村（苗族）文化档案》。在这本共33页的小册子里，记载了关于岜沙苗寨的故事。这些有关村寨最古老的历史是由寨老滚往丢讲述，村里青年滚水格记录整理的。其中关于祖先缘何定居岜沙的历史是这样讲述的：

> 很早以前，苗族的祖先们在江西因长时间与汉人作战，最后苗王被害，苗族战败了。作为战败的民族为了谋求生存，苗人们只有散开来，岜沙的祖先被迫离开了江西。因害怕汉人的追捕，他翻山越岭，跋山涉水，住在野兽生活的地方，吃野兽吃的东西。不知走了多久，来到了云贵高原湘桂丘陵和盘底的过渡地带，有一个叫“永克”（苗语发音）的部落，这是苗族的聚居地，没有被战争侵袭。于是他住了下来。几十年过去了，他有了家人：3个儿子，16个孙子，在这几十年的生活中，还算是宁静，但可怕的一天还是来了。
>
> 一次，他们上山劳作野外用火时，不小心把附近当地人的培菌材给烧毁了，于是他们被赶出了部落。此后岜沙人的祖先们就凭着打猎的弩和砍柴用的刀，带着家人开始了漂泊户外的捕猎生活。最终在月亮山下的一片大森林迷路了。他们靠猎物和野果充饥，但渴了上哪儿找水喝呢？眼看几个孙子都快不行了，这时一只猎狗不知从哪儿跑得全是湿透而且还粘着一片片满江

红。看到了这只猎狗，祖先们觉得有了生机，就跟着猎狗来到了其实离他们并不远的丛林里，这时在他们面前出现一弯清清的山泉。他们知道生活离不开水，也厌倦了漂泊不定的生活，于是决定就在此开山劈地，定居下来。从此，男人每天上山砍柴、打猎、植树，女的在家纺纱织布，在这草木茂盛的大山里过着与世隔绝的生活，祖先们就将这个地方称为“岜沙”，并推举了一个德高望重的汉子掌管寨子，称作“寨老”。①

在《岜沙（二）：贵州省从江县岜沙苗族研究文集》里，记载了一首滚家的迁徙歌②，这是根据岜沙歌师滚新江咏唱的歌词记录的，意译成汉语如下：

大家围着火塘坐，
我来唱一首苗歌，
一代传给一代人，
世世代代记心窝。
地球不停地转动，
马年去了猴年来，
反反复复几世纪，
不知哪朝是哪代，
不知哪朝皇上人，
立宪治理天下平，
河南河北大发展。
滚家世居在河南，
一马平川望无垠，
那时姓“李”不姓“滚”，
生儿育女大繁衍。
滚家本是蚩尤根，
营造火枪和土炮，

① 节选自岜沙村（苗族）文化档案 . 2012.
② 张广渊 . 中国传统村落——岜沙（二）：贵州省从江县岜沙苗族研究文集 . 2016.

弩弓扳机射豺狼。

岜沙苗族有自己的语言，属于汉藏语系苗瑶语族苗族支，但他们没有自己的文字，岜沙苗族的历史主要依靠祖祖辈辈口头传承。据苗寨流传下来的古歌歌词可以知道，最初来到月亮山麓定居的祖先只有 20 多人，经过世代生息繁衍，苗寨的人口得以不断增加，到了清末民初人口发展到近 800 人。中华人民共和国成立时，随着社会的安定和生活条件的逐步改善，苗寨的人口增长到 900 多人。1956 年加入农业生合作社时人口增至 1028 人。1958 年人口达到 1200 人。“三年困难”时期，岜沙的人口也和全国一样，由于自然灾害，生活极度困难，人口下降严重，1961 年底人口数仅为 700 多人。之后，人口扩张较快，到 1975 年实行计划生育时，人口已达 1400 多人，人口自然增长率达到了 42.25%。当计划生育实施后，人口增长率基本保持在 30%以内。随着中国经济的发展，村民们的生活水平也不断提高，现在的人口已经达到 2568 人。①

岜沙村为多姓村，主要由滚、王、吴、贾、易、蒋、刘、唐、石、梁、孟 11 个姓氏构成，其中滚姓、王姓、吴姓和贾姓人数最多，属大姓，一个姓一个家族，是岜沙的世居民族。这其中“滚”姓最多，占全村人口的 1/3。关于“滚”姓的由来，也有一个流传久远的故事：

岜沙苗寨的祖先们在月亮山麓定居下来后，大家的活动范围越来越广，才发现四周还有其他的寨子。岜沙寨老的舅舅叫故往，他很懒。有一次，他饿了到邻寨去偷红薯吃，被抓了去，人家问他姓什么，他竟然说不出来。这也怪不得他，那时整个岜沙苗寨的寨民们都不知道自己姓什么。经过严刑拷打后，邻寨人把故往关在一个铁笼子里，被用刑后的故往在笼子里直打滚。后来那里的人觉得把故往留着也没什么用，反而还要给他饭吃，于是打开铁笼，随着有人大声叫“滚”，把故往放了。

故往跑回岜沙，事后全寨人因他而遭受耻辱。寨老为了给寨民一个交代，也翻脸不认舅了，召集全寨人，把故往活埋了。但此事以后，邻寨人把每个岜沙人都认作是“滚”，岜沙人慢慢也就认了，每个人都定为姓“滚”，

① 资料来源：从江县丙妹镇政府资料。

以告诫后人不要像故往那样变成历史罪人！还定下了一个不成文的规矩：犯大错，如杀人或做了对全寨人产生极大影响的事，不管男女老少一律活埋。做伤天害理的事（小到偷人家一粒米）都要罚120斤酒、120斤肉、120斤米，给全寨人享用，这就是三个一百二。①

在岜沙苗寨，每个小孩子出生满月时，父母都会宴请寨老，并请寨老给这个小孩取名字，不管男孩女孩，都要带有父亲的名字，子名在前，父名在后，即父子连名。如曾与我有过访谈的岜沙大学生滚吉两，“两”就来自父亲的名。滚吉两告诉我，将来他的孩子必须叫滚某吉。但是在当面称呼时只叫本名，不连父名，否则就会被认为是不尊重老人。我曾问过寨子里的老人为什么要父子连名，他们告诉我这样做是为了更好地记住祖宗的名字。在岜沙苗寨，记住祖宗的名字显得尤其重要，因为祭祀或逢年过节，寨子里共同杀猪宰牛后，是要按照祖宗的名字来分配吃的食物，忘记了祖宗的名字就拿不到给他的东西了。对各自家庭的祭祀一般都上推5辈，再往上一般不认亲，统归到共同的祖先行列中去。用这样的方式，族群始终成为牢固的大家庭，族内婚姻因此也维持了上千年。

2.3 村寨文化

2.3.1 村寨聚落

文化塑造着一个群体的生活世界。人类既是“生物的”存在，又是“文化的”存在。② 依靠代代相传和习得，文化得以延续。对于个体而言，这个习得的过程也就意味着内化所属群体的观念、价值和信仰。在费孝通的《乡土中国》里，他指出：文化是依赖象征体系和个人的记忆而维持着的社会共同经验。这样说来，每个人的“当前”，不但包括他个人“过去”的投影，而且是整个民族的“过去”的投影。历史对于个人并不是点缀的饰物，而是实用的、不能或缺的生

① 节选自岜沙村（苗族）文化档案.2012.

② 戴维·英格利斯.文化与日常生活.张秋月，周雷亚，译.北京：中央编译出版社，2009.

活基础。①

村寨聚落“是由家族、亲族和其他家庭集团结合地缘关系凝聚而成的社会生活共同体，也是社会的基本单位”。② 应当说，血缘关系和地缘关系是村寨聚落得以形成的结构基础。乌丙安把我国的村寨聚落分为三种类型，即单一家族村落、亲族联合体村落和杂姓移民聚居村落。③ 在这样一个实体性的社会单元里，村寨自然成为了民族文化赖以传承的生活空间。在我国传统的乡土社会中，村寨聚落是村寨文化发展建构的物质载体和依托。村寨文化是在村寨形成后逐渐产生、丰富和完善起来的。经过历史性的发展建构，各种零散的文化要素最终整合成为完整、有机的村寨文化——这是村寨成员在长期的公共生活中逐渐形成被集体遵循和认同的共同生活模式、共同价值取向和共同心理机制，是一种具有相对独立性和系统性的草根文化。或者可以说，村寨文化就是村寨成员全体创造的，并得到群体认同的一种文化表达。④

作为一种集体活动的产物，村寨文化从时间上看也是世代相承、演为成规“故事”的。它是“集体创造、集体享用、集体保存和传承的文化”⑤。对于那些生活在村寨聚落中人们，学着去适应代代相传而来的生活模式和标准成为必然的选择。自出生之时起，它的经验和行为就必然被他生活的这个村寨习俗所塑造。随着年龄的增长，当他长大成人并能参与到村寨社会文化活动后，这个生于斯、长于斯的文化习惯也就自然而然成为了他的习惯，村寨所共享的文化信仰同样也就成为了他的信仰。对于岜沙苗寨而言，深刻影响村民的各种观念、价值、信仰以及共同促使人们以某种方式行事的部分都属于共有的村寨传统文化。

静卧在月亮山茫茫林海中的岜沙，远古遗风代代传承。村民们开垦梯田，种植水稻，在家饲养猪牛等牲畜。种田、舂米、砍柴，2000 多村民就这样年复一年地在这片幽静的森林里，和睦相处，勤劳俭朴地生活着。岜沙古朴的民族村寨文化在苗族众多的分支中也独具一格，被民俗学家誉为世界仅存的苗族远古文化

① 费孝通．乡土中国．北京：人民出版社，2008.

② 陶立璠．民俗学．北京：学苑出版社，2003.

③ 乌丙安．中国民俗学．沈阳：辽宁大学出版社，1999.

④ 肖青．民族村寨文化的现代建构：一个彝族村寨的个案研究．昆明：云南大学出版社，2009.

⑤ 钟敬文．钟敬文学术论著自选集．北京：首都师范大学出版社，1994.

完整保持者，岜沙也因此成为了苗族部落文化的“活化石”。这儿至今仍保留着古朴的苗族风俗，沿袭着古老的生产生活方式，以极强的生命力抵抗着现代文明的冲击。相对封闭的环境、自给自足的自然经济、独有的语言体系以及心理素质都铸就了岜沙人独特的民族精神。这个与大自然融为一体的原始村寨，从村民的着装、住房到生活习惯以及日常用品，一切都是取之于大自然，取之于世代生活的这一片大山。月亮山的山水草木，孕育着一代又一代的岜沙人。与树为伴，与林相通，原生依附。正因如此，岜沙人对于大自然十分崇敬，从太阳神、树神到山神，都能感受到岜沙人与大自然的亲密。接下来将从四个方面简要概述岜沙苗寨的文化。

2.3.2 服饰装束

服饰装束、语言文字及风土人情属于民族文化范畴。服饰装束是一个民族或民族的一个支系区别于别的民族最为直观和重要的代表性特征。随着现代文明与民族传统文化的渐趋交融，一部分民族地区，尤其是这些地区中男人的衣着头式变得越来越大众化和现代化，但是岜沙男人依旧很好地保留着本民族独特的服饰装束。岜沙苗族的衣着头式与其他苗族支系最明显的区别在于男性。当地妇女自织自染自缝的无领左开衽或对襟铜扣青布衣，以及直筒、宽大且长及小腿三分之二的青布裤是岜沙男人最日常的服饰。除此之外，由于居住在大山深处，岜沙男人外出劳作必挎腰刀，这腰刀既是自卫的武器也可作为砍伐的工具。火枪也是岜沙男人的必备之物。一般而言，长枪扛于肩，短枪挂于腰，火药壶和铁砂袋则系于腰间左侧。对于生活在危险的大山深处，与野兽的搏斗以及和大自然的抗争，练就了岜沙男人粗犷的性格和尚武的精神。

《淮南子》中曾用“三苗髽首”来描述苗族先民的发式。岜沙苗寨男人的发式最有特色。他们自今还保留着明代以来的发髻。村寨男子都留有发髻，发髻盘于头顶，四周的头发则被剃光，称之为“户棍”。(见图 2.3)

“户棍”这个名字在我看来太过现代，所以在田野调查时，我曾问过好些村民“户棍”到底是什么意思。大家都不约而同地告诉我，“户棍”其实并不是日常生活中大家对发髻的称呼，生活中大家习惯了叫它“苗鬏鬏”。同样的事物，不一样的称谓，“苗鬏鬏”却能让人清晰感受到苗寨语言所能具有的原汁原味。

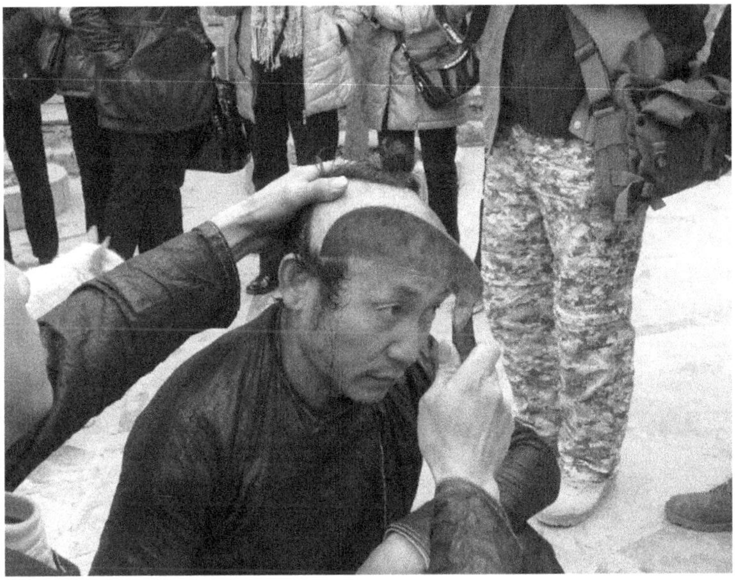

图 2.3 村民为游客表演镰刀剃头

也因为这个独特的发式，来岜沙考察的学者把岜沙男子称为“活着的兵马俑”。“因为苗族过去没有文字，古歌里也没有这方面的传唱，那么这独特的髻鬏是自何时缘起呢，说法种种。有人说，开天辟地就是这样的；有人说，老祖宗蚩尤战败后苗族从东方迁徙过来就是这样的；还有人说，春秋战国时期留的。可以肯定的是，自从祖先在岜沙定居，他们就是这样的发式而没有人胆敢改变。”① 村寨里的男孩，长到 16 岁，就会举行成人礼，由寨老为他剃发。成人礼是众多民族特有的一种文化现象。个体借助成人礼，一方面实现了其社会角色的转变，另一方面也使得自己的权利与地位得到了来自社会层面的认可。剃发仪式上，寨老会将男孩头顶处的头发挽作发髻，梳成冲天鬏，然后剃去冲天鬏之外所有剩余的头发，动作十分麻利，几下子就能将头发剃干净。整个剃发过程中使用的剃发的工具是平日里砍柴割草的镰刀。当周围头发再次长长，又会用镰刀剃掉，只保留冲天鬏，如此反复，直至终老。剃发时男孩嘴里要念诵“上山同路，下水同趟，有

① 余未人．千年古风：岜沙苗寨纪事．高兵，等，摄．石家庄：河北教育出版社，2004.

苦同担”之类的誓言。村寨里的男孩子告诉我他们在剃发时大多笑嘻嘻地接受，因为这是期待已久的事。成年男性头顶的冲天鬏是岜沙苗寨成年男子最为重要的外在标志。

关于岜沙男人这一独特的发式，还流传着这样一个故事：

> 相传明朝嘉靖年间，有一个小偷趁夜色潜入岜沙行窃，恰被一狩猎夜归的村民发现，遂大喊抓小偷，并鸣放火枪，顿时寨中喊叫声、狗叫声、人们的脚步声响成一片。慌乱中，一村民突将过其身边的男人头发抓住并大喊抓住了小偷，等众人打着火把一照，方知抓住的是寨上的哑巴，而小偷却趁机跑了。当夜，寨老即召集所有16岁以上的男子商议如何防盗。大家认为，如果留了独特的发鬏，即使在晚上遇上强盗，也能在黑暗中区别出来，并且这种发型除了既方便耕作和狩猎外，还可以增添几分威武之气。从此，发鬏就流传下来，代代相传，直至今日。①

“鬏鬏”就这样一代代保留在了岜沙苗寨男子们的头上，在村民们看来，这也是消灾祛病、保佑平安的护身符。在今天这样的信息环境下，一个民族村寨，想要保留自己最古老、独特且与众不同的发式而不被外界所影响确实不容易。余未人的文章中记录了岜沙男子头顶的“户棍”在政治运动中经历的种种。

> “然而，当年一浪高过一浪的政治运动并没有遗忘古朴的岜沙。岜沙人头上的户棍实在太‘扎眼’了。1958年搞‘大跃进’，上面曾经要求干部带头剃户棍。几经动员，只有十几个人到县城里去，战战兢兢地让理发师把户棍给‘砍’（岜沙人都用这个词）了。运动一过，一个个又蓄上了。真正的在劫难逃的时候是‘文化大革命’。1966年的国庆节前，县里派工作组带了县城的理发师到岜沙来‘快刀斩乱麻’——三天之内把‘四旧’的标志‘后棍’砍完！那时候，干活都是集体行动，就算你在寨子上侥幸漏网，工作组带着理发师马上追到田里，找到一个，也就解决了一批。他们手执刀剪漫山遍野追着蓄后棍的男人跑。被追上的，先用剪刀把后棍‘砍’了，这

① 范生姣．岜沙苗族的民俗文化．湖北民族学院学报（哲学社会科学版），2005（4）．

样你就无可奈何了，只得由着理发师慢慢用推子推。首战告捷，有三分之二的岜沙人被强制剃了头；但还是有三分之一的人躲过了。直到如今，一些被'砍'过后棍的老人还觉得那是命中注定的一劫，该砍的躲不过，不该砍的，就在工作组的眼皮底下也留下了那个'命根子'。砍后棍的运动也不是'请客吃饭'，事后让各生产队都集体补交了理发费。被砍的自然得交；当时躲过了没砍的，更是补得积极主动。因为补交了理发费，就不会再有'补砍'户棍的危险了。被砍了户棍的人们，有的抱头痛哭；特别对被砍了户棍的'单传'的孩子，父母们哭声震天。如今善良的老人们回忆起来，觉得那是还算通情达理的人——砍下的户棍没有集体处置而是让各人拿回家去。'运动'如风掣雷鸣，人是没法对抗的，还能怎么样呢？能拿回这个劫后余生的'命根子'，人们已经觉得是不幸中的大幸了。有的用衣裳包了又裹赶紧藏好。也有的在揭不开锅的时候，迫于肚皮的压力把它拿去卖了，一个能卖3~10元。这在当年，可是一大笔收入哇！不过重金也难买岜沙人的信仰，愿意出卖户棍的人极少。'运动'不可能天长日久地'动'下去；那一劫过了也就过了，县城的理发师再也没有光临过岜沙。风头一过，那些已经'革过命'的老老少少不约而同地又蓄起了户棍。82岁的滚故元说：我也被'砍'过户棍，但坡上太阳大，砍了后棍太热，把头皮都晒脱了，我又留起来了。岜沙人的户棍还是延续至今。"①

岜沙苗寨今天还沿袭着男主外女主内的制度，世代保持着男耕女织的生活。从村民们日常的服饰上可以看到一些历史记忆的符号。鸟的羽毛其实就是古老迁徙性狩猎民族的记忆。岜沙苗寨的妇女们衣裙上镶着古色古香的刺绣图案，配以银项圈、手镯，非常精致。苗寨的妇女们都遵照着古老的传统，头挽发髻，身穿从纺纱、织布、染布再到缝纫、绣花全部自制的手工百褶裙。岜沙苗寨村民们穿着的传统服饰都是苗寨妇女们亲手缝制的。在岜沙，棉花收获后要经过去籽、弹花、纺纱、组纱、纺纱、理纱、织布、印染和缝制等十多道工序，整个过程也是这个民族生产和生活自给自足的一个侧面。（见图2.4至图2.6）

---

① 余未人．千年古风：岜沙苗寨纪事．高兵，等，摄．石家庄：河北教育出版社，2004.

图 2.4 岜沙村寨里妇女们理纱的小平台

图 2.5 火塘边绣花

图 2.6 晾晒百褶裙

近年来，因为各类信息的流入以及为求日常生活的便利，村寨里已经有部分男人们“砍”掉户棍，换上了汉族的衣物。岜沙苗寨的女人们却还没有剪掉长发，改穿长裤，相比较而言，她们似乎更能坚守传统。苗寨里妇女们基本还穿着传统的民族服饰，发髻也一直保留原样。2017 年 3 月，在贵阳读大学的岜沙青年滚吉两利用周末和我一起回岜沙做短期田野调查，我们聊起村寨女孩子们的日常事务，他的话让我记忆犹新。他说："村子里的女孩子每天都在埋着头做衣服。家里、院子里、村子里以及田埂上，都能看到她们好认真地做衣服，我妈也是这样，我觉得她每天最重要的事情就是做衣服，真不知道怎么会有那么多衣服要做！"我 2014 年 2 月在岜沙苗寨做了一个月的田野调查，住在滚大哥家，得以近距离观察和体验村民们的生活。在我记忆中，确实滚大嫂和女儿滚云凤每天大部分的时间都在埋头缝制衣物。滚大嫂缝制的是全家人的衣物，云凤则只负责缝制自己出嫁时要穿戴的衣物。对于岜沙苗寨的女人们而言，为了自己和全家人的穿衣问题，值得倾注一生的辛劳。这项看似琐碎的事物会让她们平淡的日子变得有了光彩。"也许是因为语言障碍和社交圈子的局限，使得她们抱成一团地以不变应万变，如是看来，在一些男人眼中显得无足轻重的妇女，是岜沙村寨文化最顽强的维护者。"①

2.3.3 婚俗

岜沙苗寨居住的都是有着共同血缘关系的家庭。在最早的时期，先民们在此定居，之后子女成家后便分家析产，经过一代代的繁衍裂变，大家共同居住在这个村落。随着时间的演进，岜沙苗寨的人口逐渐增多，后来又有吴姓、王姓、贾姓等其他姓氏的人陆续迁入岜沙。各个姓氏的村民们在岜沙共同生活了很多年，相处融洽。这些外姓人也渐渐得到了寨老和村民们的信任。（在岜沙田野调查期间，我借居在村里的滚大哥家。吴姓是村里仅次于滚姓的大姓，因为我也姓吴，日常生活中在与村里人交往时还是能感受到他们因此给予我更多的信任和方便。我猜测或许在质朴的村民们看来，同一姓氏的人应该是有些渊源的。）寨老把第一个姓滚的女孩嫁给了姓吴的男孩后，滚姓之间的村民家庭就不再允许通婚。同样，村子里的吴姓、王姓、贾姓和其他姓氏之间不可以通婚，因为他们人少，所以寨老让他们彼此结为兄弟。其他姓氏的村民只能与滚姓通婚，即便后来这些姓氏的人口比例已经增加，寨子里依旧遵循着这个古老的原则。对于全村寨的人而

① 余未人．千年古风：岜沙苗寨纪事．高兵，等，摄．石家庄：河北教育出版社，2004.

言，还有一条重要的嫁娶原则，那就是村寨里的人不允许与外人通婚，嫁娶只能在本寨范围内，即所谓的男不外娶，女不外嫁。如果偶有小伙子爱上了外村的姑娘，则不能在村里结婚居住，只能当上门女婿。

在岜沙，年轻人 18 岁以后才能谈情说爱。男女之间的恋爱一般需要经历三个季节里的相关节日才算最终尘埃落定。首先是春天的初始阶段。万物复苏的春季，男女青年通过跳花坡、吹芦笙以及游方等村寨里的传统活动，以歌会友和传情，彼此认识。接下来是感情进一步加深的夏天。热情似火的夏季，在一年中最为重要的秋千节上，姑娘和小伙儿一双一对地跳上用稻草搓成的、系在大树上的粗大绳索，荡起越来越高的秋千，在嬉笑玩闹中，彼此的感情更进一步，远比相识之初更情投意合。最后是秋天。庄稼收获的秋季，也到了苗寨里最为热闹的“闹姑娘”的时节。白天，姑娘小伙结伴劳作，晚上则聚集在某一家喝酒、唱歌、抱姑娘。一个小伙子可以同时抱几个喜欢的姑娘，而姑娘被抱的次数越多，身价就越高。看似开放的“闹姑娘”，其实是有很严格的规矩的。小伙子抱姑娘时不可逾越，不可有不干净的动作，否则，会被严厉惩处。经历了三个季节的姑娘小伙，从最初的看对眼到彼此了解与接纳，完成了年轻人恋爱的过程。之后，心心相印的两个人会告知自己的父母。如果家人不反对，两个人的婚事就算是定了下来。这时，姑娘要把表示婚姻状况的五彩挎包赠送给小伙子，小伙子会把这个五彩挎包别在腰上。其他人看到小伙子腰上挂着的五彩挎包，也就明白他已经有了心上人。接下来就到了择日成亲。岜沙人一般会选择在冬季结婚，大部分会在过年之后。据村民们说，是因为这个时间没有太多农活忙，而且因为过年，大家都在，正好可以借机聚会和热闹。2014 年，我对岜沙苗寨的田野调查是从大年初七开始的。那一年我从初七一直待到过完农历的正月，这段不长的时间里，仅仅只是我所知道的婚礼就有三家，我也被邀请参加了其中的一次婚礼。（见图 2.7）

2.3.4 丧葬习俗

岜沙苗寨实行的是土葬，也被称为树葬，人死后，不造坟，不立碑，而是在下葬的地点种下一棵树，用已结束的生命来滋养泥土和树木。岜沙的丧事简洁而快速。寨子里有人死亡，其家属会用火枪朝天放三枪，以示家里出事了，亲戚朋

图 2.7 岜沙苗寨婚礼送新娘的场景

友快到家里来。来的人都会带上糯米或数元钱作为送给死者家属的慰问物，并借此寄托自己对已逝故人的哀思。死者家属会杀猪、准备腌鱼腌肉以及一些自家酿的米酒招待亲友。只要是正常死亡的人，都会把遗体停在屋内，但就餐和商议安葬的事宜则必须到寨外的古树下进行，以表示远离死者，好让他安心上路去阴间投胎转世。安葬死者的程序全由法师主持。死者的墓地由法师选好，然后一部分人负责挖墓穴，另一部分人则砍树做棺木。与此同时，三至五个青年将穿上寿衣的死者绑上 5 米长的晾禾杆，捆绑的时候是将脚跟、膝关节、臀部、胸部和头部分别用篾条绑好，再由两个人抬着疾步走至墓地，并将死者放入棺内。如果死者是成年男子，还得把他生前用的火枪置于身旁。棺盖封好后，法师即烧纸焚香，以超度亡灵与其祖先早日团聚，之后大家掩土填穴。当这一切事情处理好了以后，家人还会在死者墓穴的上方栽上一棵小而壮的松树或柏树，以示死者的灵魂从此将以树的姿态在世间延续。这可能就是岜沙人所说的每一棵树都有一个灵魂，越是古老的树木越有神性的原因。如果死者是非正常死亡，遗体就不能停留于屋内，只能停放在村口的古树下，并用树枝掩盖，死者也必须当天安葬。安葬完后，法师要用一盆清水放药念咒，所有参加葬礼的人都必须用这水洗手消毒，以示洗去阴气。然后在回村的路上要点燃一堆篝火，所有人都要跳过篝火才能上路返家，这堆燃起的篝火有阻挡鬼魂、使人鬼分离的意味。从办理丧事所需花费的时间而言，岜沙苗寨的丧事处理极其快速。如果死者是上午死亡，当天下午就得下葬入土；如果午后死亡，则必须在第二天早上安葬。整个丧事从开始到结束最多不过两天的时间，这在苗侗地区确实不多见。

葬礼是男人们的职责，所以一切大小事务都由男人操办，女人不能插手任何事务，但又必须在一旁等待，并陪同抬死者的人走到墓地，直至安葬完毕与死者告别。

在我田野考察期间，正好遇上村寨里的一次葬礼。但因为不是本村寨的人，有很多忌讳，加之不能拍照，所以有关葬礼的诸多细节都没办法近距离还原。

2.3.5　节庆文化

在我国，很多民族都有属于自己民族的传统节日，岜沙也像大部分少数民族村寨一样，是一个节庆不断的原始村寨。苗族文化的表述中除了自然因素以外，有很多内容是与农事活动密不可分的。随着季节的交替，村民们的农事活动也与之配合，节日的由来自然与此契合。在岜沙苗寨，一年中诸多的节日里，以下5个节日最为重要（见表2.1）。

表2.1　**岜沙苗寨一年中的重要节日**

时　间	节　日	主要事象
农历三月的第一个“丑”日	映山红节	上山捉野鸡，祭拜，主食鱼和泥鳅。映山红节意味着开春后播种的日子到来，这同时也是年轻人谈恋爱的时节。
农历六月的第一个“卯”日	吃新节	这是一个全村参加的节日。家家户户到田里摘取谷穗，去壳成米，煮成稀粥或干饭，与鸭、鱼等祭品供奉祖先。杀猪宰牛，着盛装，走亲戚，斗牛。
农历六月的“巳”日	秋千节	杀猪牛祭祖，荡秋千，对酒歌。秋千用稻草编成绳子挂在树上，这是一个年轻人的节日，连续5天荡秋千，最多时村寨里有40~50个秋千同时在飘荡。

续表

时　间	节　日	主 要 事 象
农历十一月十九	芦笙节	活动是杀牛、斗牛。此时稻谷已经成熟且收割入谷仓，所有人都要穿上民族服装到芦笙堂吹芦笙、跳芦笙舞，参加芦笙比赛（每个寨子一个芦笙队）。
农历十二月初一	苗年	这是苗族的传统新年，活动是杀鸡宰羊，吹芦笙，踩歌堂，男女青年去山上点篝火谈恋爱。苗年从农历12月初一开始，连过11天。如果遇到闰年，第一个12月过9天，第二个12月过11天。

接下来简单介绍其中的三个节日：映山红节、秋千节和芦笙节。

映山红节，农历三月的第一个“丑”日。传说在很久以前，苗族的祖先们已经来到岜沙定居，虽说是刀耕火种，茹毛饮血，却也代代繁衍，人丁兴旺。为了使一年的劳作得到较好的收成，人们就把希望寄托在了龙王的身上，于是定下每年农历三月的第一个“丑”日，要到河边一块大坪子的龙王石碑前祭祀龙王，以求得一年的风调雨顺，五谷丰登，六畜兴旺。这样年复一年，慢慢地，这个关系到庄稼收成的祭祀活动就变成了村寨里重要的节日，而每年的这个时候也正是映山红绽放山间的季节，所以取名为“映山红节”。每年的这个节日，全寨的男人们会一起出去捕猎。捕获的猎物堆在一起，先吹一曲芦笙，待猎物煮熟后，男人们又会再次吹起芦笙，并带着煮熟的礼物和手抓饭向河边缓缓走去。到了河边，芦笙还是一曲一曲地连续吹奏着，寨老和法师把猎物和手抓饭摆放在河边的一块大石头前的杉树皮上，祭拜结束，所有人就会把肉和手抓饭全部吃掉，而剩下放着骨头的杉树皮则会被放入河中，随河水漂流。这也意味着杉树将载着病魔离寨民们远去，大家这一年就会健健康康、安居乐业。当然，这个节日和芦笙节一样，也是男女青年谈情说爱的好时节。苗族是稻耕民族，节日往往都与水稻的生长季节相关联。三月的映山红节也是充满生机与希望的水稻下种的节日。

秋千节是每年农历六月的“巳”日。因为这段时间是农闲时节，村寨里的男孩女孩会用稻草编织成特别粗的秋千绳，并把它栓置在芦笙堂旁边的大树上。一般会选择十几米高、枝粗叶茂且生长在山崖边的大树。树的一边是崖，崖低下是错落有致的村寨。每次秋千荡出去，会有一大半的时间是在山崖的上空飘过，一般人看着都会感到惊心动魄，更别说真正踩在秋千上的人。

2014 年的秋千节，我从贵阳赶到岜沙，为的就是亲眼见见苗寨秋千节的真实场景。为了编出最结实的秋千绳，寨子里的男孩女孩一大早就开始忙碌开来。从割稻草到处理稻草再到编制成结实的绳索，整整需要大半天的时间。到了下午，所有的准备工作就绪，秋千拴好，原本我以为接下来就应该荡秋千了，没想到在一切就绪后，所有忙碌大半天的年轻人又都三五成群回家去。问了才知道，要等到天色将晚，大伙儿才会来荡秋千。其他人散去，我一个人坐在秋千旁边的大石块上，看着村里升起的袅袅炊烟，等着日落山头。大概下午七点过后，天色渐渐暗淡下来，寨子里的青年男女从各个方向慢慢聚拢到秋千树下。原本寂静的大树下开始变得人声鼎沸起来，各种打闹嬉戏声不绝于耳。一开始只是男孩一个人站上秋千飘荡起来，接着在秋千摆动的过程中，有女孩看准时机会一跃而上，秋千上的男孩会伸手拉一把女孩，两个人荡秋千就此开始。整个动作连贯迅速，一气呵成，看得我目瞪口呆。对于有些恐高的我而言，这一系列的动作完全超出了我的心理承受能力。后来我问过才知道，愿意一同荡秋千的男孩女孩往往是彼此有意的，女孩一般不会随便跳上男孩已经荡起来的秋千。岜沙的男孩女孩们，在秋千绳上荡漾，呼吸着自然而新鲜的空气，也传承着苗寨最独特的民俗风情，这也是人与自然最为和谐的相处方式。秋千会一直挂在大树上，连着数日村寨里的男孩女孩都会相约前往。

芦笙节，每年农历的 11 月 19 日。芦笙是苗族最喜爱的乐器，因为最早是用芦苇杆制成，所以称为芦笙。经过改造，现在芦笙的主要成分是竹子。每年的农历 11 月 18 日，也就是芦笙节的前一天，整个寨子已经沉浸在节日的氛围中。这一天，村寨里的男人和女人实行分工合作：男人们负责杀牛和分肉到户，一大早就拉着事先准备好的牛到野外去宰，女人们则负责洗刷炊具并预备美味佳肴。岜沙的耕牛有两种，水牛和黄牛。岜沙人对于黄牛不怎么看重，成年男子可以随便宰，只要宰了以后割下牛肉来分给大家就好。可是水牛就不行，岜沙苗族认为每头水牛都是岜沙人的灵魂，要杀它可以，但必须请到村寨里的法师给这头水牛退去它身上的魂魄。相传如果有人在没有法师在场的情况下宰了水牛，那么他就会因为惊动了祖先的灵魂而常年卧病在床，将无法养家。到了第二天，也就是芦笙节的当日，按照祖传的规矩，全村寨的男女老少都会穿着民族服装。岜沙妇女们一年到头忙活的各类针线活，就是为了今天家里人可以穿上新衣。每个自然村寨由20~30人组成各自的芦笙队。每个芦笙队在寨老的带领下经过林中小路，来到村寨最重要的公共活动场地——芦笙堂进行表演。在岜沙，村民们称为所有的生命和光亮都是太阳神赐予的，所以在去芦笙堂的路上有一块儿被村民们称为东方坡的斜坡，祭拜太阳神的仪式就在这儿举行。拜完太阳神，人群又浩浩荡荡走向芦笙堂。在刚要进芦笙堂的地方有一段自然过道叫山神道，一端紧连山神，另一端就是芦笙堂。这里是村民们祭拜山神的地方。到了这儿，每个芦笙手都要面向山神，像祭拜太阳神一样吹奏芦笙，然后缓步进入芦笙堂。待芦笙队全部进入芦笙堂后，就开始赛芦笙和跳芦笙踩堂舞。妇女们和其他未参加芦笙队的村民则在四周观看、加油。最后是欢送太阳神和山神仪式。到了晚上，每家每户都热闹非凡。酒和腌肉腌鱼必不可少，大家吃吃喝喝，对着歌到深夜。芦笙节在岜沙苗寨也是青年男女相识、交流和相恋的重要节日。

2.3.6 宗教文化

岜沙人崇拜太阳，凡事都有面朝东方的习惯。太阳被岜沙人看作“光明之神”。不仅房子的正门朝着东方，在火塘边祭祀也要面朝太阳升起的方向。前面提及的苗寨一年四季中最重要的节日如芦笙节、开秧门节等都与太阳有关。在岜沙人看来，太阳是世间万物的来源，因为有了太阳，才有了这身边的万事万物，也才有了苗寨的生存和繁衍。对于岜沙苗寨的村民而言，凡事都要感恩太阳。

岜沙苗寨至今保持着原始的生态环境，植被完好，古树参天。这与他们的树神崇拜有关。苗族相信万物有灵，在苗族人的心目中，越是高大、古老的事物就越有灵气，所以岜沙苗寨里那些有着几百年历史的古树也就被奉为“神树”。岜沙人认为，他们的日子过得安详宁静，是因为得益于祖先选中的这块生于斯、长于斯的森林宝地，是因为有了“神树”的庇护。岜沙人认为树木是有神性的，每个人都对树充满了无限的敬畏。也因为信奉树神，村寨有一套完整的祭祀树神的仪式。岜沙人对树木的崇拜在生活中的很多细节都有体现。他们认为，每一棵树都有一个灵魂，因为他们逝去的祖辈就埋葬在树下，用灵肉养护着这片树林。在他们看来，越是古老的树木越有神性。当家里的孩子生病时，父母也会去祭拜树神，以求保佑孩子安康。正因为对树木的崇拜，岜沙人对于他们生活的这片山林尤为爱护。千百年前到处是原始森林的月亮山麓，是野兽的天地，那个时候，必须砍掉一些林子才能进入。历经千年，曾经茂密的树林依旧伴着今天的村寨，这要归功于靠朴素的村规民约维系起来的自然生态系统。村民们世代恪守“禁止乱砍滥伐”的村规民约，男女老少都有自觉护林惜木的习惯。岜沙每户人家都有一片山林，自家山林里除了树木还有竹子和其他农作物。一整片林子划归各家各户后就由所属人家负责打理。以前的岜沙村民，主要靠砍柴挑到县城里去卖以获得现金，当然也只能到自家的山林里砍柴。对于砍柴到县城里去卖，岜沙人也有自己的规矩。能挑多少柴去卖全凭自己的力气，能挑 200 斤也没人干涉，但有一条，绝对不可以用车拉，谁用车拉柴去县城卖就得接受处罚。村里各家各户如果修建房屋需要木料，也只能到自家的山林里去采伐。树木对于居住在岜沙的村民而言有着极其重要的意义，种树也就成为了村民们的一种习惯和生活方式。优质的土壤和气候条件使得岜沙的杉树能以极快的速度生长，一年可以蹿上 1 米高。爱树、护树和种树使得这片土地还能保留着祖先们留下来的样貌。1976 年，北京的毛主席纪念堂修建，岜沙村民敬献出了村寨东北山头一棵直径为 1 米多的香樟树。为此，村里的樟树林中修建了“敬献毛主席纪念堂香樟木纪念亭”。在岜沙，有小孩出生，父母就要种上一棵树，这棵树将陪伴着孩子成长。有人死亡，也要在他的坟边种一棵树，以此作为他生命另一种方式的延续。所以，凡长有树木的地方，可能就是一座坟，岜沙人就这样养护着这片生息的葱郁树林。这就是岜沙人最为原始的生态崇拜观。

2.3.7 火枪文化

古代的苗族是一个苦难的民族，苗族的成长历程就是一个战争、迁徙的历程。他们从土地肥沃的中原被迫迁徙到了湘、黔、桂、滇、川的山区，这支古老的民族就在这样的艰难曲折中繁衍。岜沙苗人作为其中的一支，长期以来，为防异族入侵，火枪一直不离身，久经磨难的岜沙苗人也养成了尚武的民族精神。作为迁徙性民族，当进入西南的大山丛林后，狩猎在很长时期内都是岜沙苗族人最为重要的生产和生活方式。当政府开始禁猎缴枪后，考虑到岜沙人的特殊情况，尤其是他们的民族传统观念和民族心理，同意他们保留枪支，但不准打猎。故而火枪文化一直延续至今。

因为有政府特许的持枪证，岜沙也被外界称为“中国最后一个枪手部落”。岜沙男子尚武，武士装束传承至今，但枪口从不对人。岜沙男人从十五六岁就开始玩枪，这是一种射程只有20多米的火药枪。关于岜沙成年男子最典型的装束就是身挎腰刀、肩扛火枪。无论是上山劳作，外出做客或是为游客们做集体表演，都是枪不离身。岜沙人特别珍惜祖辈们传下来的枪，在每次节庆仪式上，举起火枪朝天鸣放三次是极为重要的环节。“砰！砰！砰！”震耳欲聋的枪声直入人心，它似乎有穿透历史时空的强大魔力，它所产生的庄重与热烈远不是锣鼓鞭炮所能及，可以让身临其境的人真切感受到火枪的“礼炮”功能。枪声在山谷回响，硝烟在青翠欲滴的松林里缭绕。“一支猎枪一条狗，一枝杠子朝山走”，这是岜沙男子留给我最为鲜活的画面。一个个背影，犹如威猛的武士。与大自然和野兽的搏斗，练就了岜沙男子粗犷的性格和尚武的精神。枪，也就成为了他们最为重要的随身物件。当成年男子死去，火枪也要陪葬在他的身边，因为那是除家人外死者一生最为亲密无间的伙伴，生同在，死亦同往。关于岜沙的影视作品并不多见，在仅有的几部作品中，《滚拉拉的枪》是极为具体和生动的。2008年宁敬武导演的这部电影曾入围第59届柏林电影节“新世代”单元竞赛。影片中即将接受成人礼的滚拉拉因为苦恼于在成人礼上没有猎枪而决定独自离开村庄去寻找外出打工的父亲。这部电影用影像的方式记载了岜沙苗寨最为原生态的生活习俗。

从服饰装束、婚俗、丧葬习俗到节庆文化、崇拜文化直至独一无二的火枪文化，岜沙苗寨的村民，在漫长的历史长河中，经过世代的传承和累积，创造了自己独具特色又自成一体的村寨文化。同时他们也很好地保存了这套自成体系的文化，并不断地在丰富着它的内容。

对于少数民族“村寨”而言，村寨本身就是一条“边界”，生活于村寨的每个人共同组成了一个自然的共同体。民族认同（ethnic identity）一直是人类学研究中的热点，它有两种基本情势。一是所谓的“原生纽带”，即一个族群对自己祖先共同性的确认。带有共同性的族源背景成为了人们确认的依据以及传袭的纽带。二是“情境论”，即人们在特定情境下会策略性地选择与自己有着共同性质的人群，进而做出更为有利的趋向性认同。① 对于岜沙苗寨的村民而言，潜藏在

① 彭兆荣，潘英年．摆贝．上海：生活·读书·新知三联书店，2004.

内心深处的民族认同更多来自所谓的“原生纽带”。民族是一个可以通过政府或官方“识别”，进而给予某种政治性的名分，但实际生活情境中，对于岜沙这个少数民族村寨而言，来自“原生纽带”的认可成为了最主要的民族认同基础。苗寨的人们拥有同一祖先，不管这个祖先是可通过族谱记忆还是以口耳相传的故事建构起来的，毕竟同属一家人。

血缘群体是地方性民俗文化传承的主体，具有共同血缘的家族共同体几乎是自然村落的存在前提，也是区别不同自然村落的标志。岜沙苗寨的先民在极其艰难的条件下一步步迁徙到月亮山。整个过程，必须依靠所有男女老少共同的努力和协同作战。举族的迁移，一方面让家族血脉得以延续，另一方面也不断强化着族群里每个人的家族血缘意识。地域、社会经济生活相对的封闭性以及观念的本土性，客观上使得岜沙苗寨的传统文化能比较原汁原味地保存下来。

岜沙苗寨的文化事象有很大一部分来自自然界以及对自然的认可。人与自然、社会和自我的关系决定着文化的类型，同时也呈现出相对独立的认知系统。在认知人类学看来，着力要解决的是两个问题：一是对某一种文化类型中的人民来说哪些物质现象是重要的，为什么？二是他们如何与这些物质现象建立起认识上的关系。不管是从民族学、民俗学还是生态学、传播学的角度来看，岜沙都有着得天独厚的原生态资源。传统村落是我国数千年农耕文明的结晶，它见证了先人们长期适应自然、与自然和谐相处的历史进程。对于岜沙苗寨的人们而言，村落的闭塞、经济生活相对自给自足以及与外界关系上的疏离，使得他们的文化能相对较好地延续和保留下来，尤其是它的原始特性。随着狩猎为主的生产生活方式逐渐转变为以农业为主，苗寨整体生产生活方式的改变也在所难免。在社会急剧变革的当下，全球化、城镇化高速发展的现实处境中，这些原生态的文化事象面临着怎样的传播生态环境？已经在人们的生产生活各个角落弥漫开来的社会传播网络又将如何参与到民族村寨文化的现代建构？一系列的问题摆在了对岜沙、对民族文化饱含情感的研究者和普通人的面前。

3 人际传播：民族村寨社会传播网络的核心圈层

人际传播（interpersonal communication）是指两人或者多人之间的语言和非语言互动。① 人际传播作为一种传播方式，它无处不在。库利指出：“人的社会生命起源于与他人的交流。首先通过他对触摸、音调、手势和脸部表情的感受，而后又通过他逐渐掌握的语言来达到交流。他在家庭成员和玩耍的伙伴那里学到了语言，而他们也都是从他们的长辈那里学到的。所以这就可以追溯到最早的人类历史，更远一些可以追溯到我们的类人猿祖先口齿不清的嗥叫。工具的使用、音乐、艺术、宗教、商业以及其他任何他可能学着去想和做的事情都同样具有历史。一切都是不胜追忆的历史的社会遗传。”② 库利的阐述着重强调通过交流，人类社会得以向前发展，文化得以传承。人际传播作为人类最广泛、最重要的社会行为之一，它在维系和形成人类社会、孕育并延续文化方面有着极其重要的作用和影响。对于偏居一隅的少数民族村寨而言，文化的传承以及村落的缓慢发展都与人际之间的交流密不可分。

关系问题是人际传播研究的中心议题。传统的人际关系是以情感性为基本特征的个人之间的关系。中国传统的乡土社会是一个“关系本位”的社会，在整个乡土社会结构中，以血缘关系为基础扩展开来的社会关系网络极其特殊和重要。费孝通对于中国乡土社会的特征，概况如下：（1）血缘、姻缘关系之重要性，（2）公私、群己关系的相对性，（3）自我中心的伦理观。“差序格局”是中国乡土社会人际关系的缩影，也是对乡土社会中“人伦”关系的绝佳概

① 约瑟夫·A. 德维托. 人际传播教程（第十二版）. 余瑞祥，等，译. 北京：中国人民大学出版社，2011.

② 查尔斯·霍顿·库利. 人类本性与社会秩序. 包一凡，译. 北京：华夏出版社，1999.

括。乡土社会的关系是按着亲疏远近的原则架构的“差序格局”，这确实是对以血缘和地缘为生活中心的中国乡土社会人际关系结构的准确概括。在少数民族村寨的人际传播中，人与人之间的“关系”同样是最为重要的影响要素。但是，牛炜玲在《乡村社会人际传播研究》一文中也补充指出，中国的乡村社会关系特征除了差序格局之外，还包括熟人社会、人情社会。相较于城市里人们的社会传播网络，少数民族村寨是一个更为典型的“熟人社会”的传播网络。就社会互动与交往而言，在岜沙苗寨，互动的对象就是熟人社会，在日常交往和合作上最能体现这种人与人之间的互动。所以，在农村仍强势运行的人际传播，依旧在村民的日常交流中占据着重要地位。在先后几次的田野调查中，我从日常生活的诸多场景和细节感受到人际信息传播构成了整个村寨社会传播网络的核心圈。

3.1 火塘、芦笙堂：村寨人际交流的重要场域

村落里生活着的人们获取信息的重要渠道依旧是人际传播。在经历了几千年的发展与积淀后，中国的村寨文化及社会结构形成了通过人情关系来进行信息传播的交流方式。在血缘、地缘的基础上，村民们以日常社会交往和情感互动为目的交流方式，建立起了人际传播网。在乡村，往往存在着一个或多个因自发的人际传播而产生的“舆论场”，这个场或许是村子里一个空旷的开阔地，也或许是村子里的行政中心，再或者是小卖部门口的空地。饭后或是农闲，大伙儿会自发地聚集在这里，聊天、交流信息或是印证着各种传闻。岜沙苗寨里，每家每户的火塘作为人们建立和维护情感的重要场所必然也成为人际传播的中心场域；而芦笙堂作为村寨典型的公共生活空间也在人们的日常生活中扮演了人际传播核心区域的角色。

3.1.1 火塘

火是人类文明的起源，火塘文化在我国历史悠久，早在仰韶文化时期的半坡遗址，就已经发现了火塘。我国的南方少数民族村寨中，火塘文化尤其突出，这对于我们去研究村寨文化有着重要的意义。

“人们的传播方式往往就是他们的生活方式”。① 美国社会学家大卫·里斯曼将现代启蒙之前的漫长社会阶段称为传统社会。他认为，传统社会的引导（传播）通常是在冬日家庭的火炉旁、夏日庭院的大树下由老人通过讲故事的形式进行的。传统引导的社会利用讲家史、神话、传说、唱歌等形式传播其相对稳定的价值观，所以里斯曼将传统引导方式称为“火炉旁的媒介作用”。在这里，媒介就是一个个讲述的故事，它是讲述者与听众的中介。② 我们如果要在岜沙苗寨的日常生活中找到里斯曼所说的“火炉旁的媒介作用”，那么与此相对应的就是每家每户的火塘。

乡村社区的传播主要是建立在互动基础上的人际传播。在岜沙苗寨，人际交流的重要场域是家家户户都有的火塘。火塘是村民们日常生活的中心，它在屋子里处于最为重要和醒目的位置，每家每户一打开主屋大门，首先看到的必定是火塘。村民们一天之中的大部分室内生活都是围绕着火塘进行的。做饭、吃饭必定要依靠它，会客和取暖也是围着火塘进行，即便是入睡前洗脸这样最细微的生活环节也是在火塘边完成的。我住在滚大哥家时，也养成了在火塘边洗脸的习惯，不仅是因为冬日里的火塘最为暖和，应该也是受到滚大哥家里人的影响。2013年田野调查期间，火塘旁，一边洗脸，一边聊天，已经成了我们大家每晚必有的生活场景。对于苗寨的每个家庭而言，火塘不可或缺，这儿不仅是家庭起居、饮食的重要场所，也是家庭成员之间以及家庭成员和外来者之间进行交流的重要场域。日常生活中，每个家庭最常见到的景象就是一家老小围坐火塘边，聊天说笑，饮酒对歌。当然，接待客人，谈论事情，这也组成了火塘文化的一个部分。在岜沙人看来，“火塘”和“家庭”两者之间是有着极强关联度的。如果从原居所的火塘里另外分出一堆火，也就意味着要从原生家庭里分化出一个新的小家，这也是苗寨传统文化中所认可的新家庭的诞生。(见图 3.1)

在《火塘·教堂·电视——一个少数民族社区的社会传播网络研究》一书中，吴飞谈及独龙族家庭里的火塘，他认为，从某种意义上说，独龙族人的火塘是类似于福柯笔下的异托邦这样的一个空间。这是一个他们日常生活的空间，但

① 萨姆瓦，等．跨文化传通．陈南、龚光明，译．上海：生活·读书·新知三联书店，1988.

② 陈力丹．舆论学——舆论导向研究．北京：中国广播电视出版社，1999.

又不是一个透明的、空的空间，它是有意义深度和历史向度的空间。它不仅是一个物理空间，还表示一种心理情感与社会伦理的关系。这样的一个空间，是由一系列的关系组合规划的地点构成，这些地点相互叠置关联，几乎不可区分。①

图 3.1 岜沙苗寨村民日常家庭生活的各类事项都围绕着火塘展开

火塘在岜沙人生活中的文化内涵不仅在于增进亲情，增强内聚力，也有着民族文化传承的作用。在这个没有文字的少数民族村寨，口传故事自然也就成为表述、记录和传承村寨传统文化时最为重要的方式。在岜沙苗寨，长辈们常常都是在火塘边给晚辈们讲述这个村寨最为古老的历史——属于他们苗族祖先的过去。虽然那些“过去”在今天多属于茶余饭后的谈资，甚至会让精于考据的历史学家手足无措。但是不可否认，长辈们在讲述这些故事和过往时，话语里流露着宗教般的笃信和虔诚，那是一种可以触摸得到的真实感。和其他民族一样，岜沙苗寨的长辈们在火塘边做“谱系式”叙述时所讲述的民间传说常带有对英雄祖先的想象与族群文化的认同。关于这一点，彭兆荣在《摆贝》一书中有所阐释。他认为很多族群在追溯祖先历史时常带有攀附“高贵血统”的策略性需求。一是确立祖先“英雄”的神圣性，以示其根骨和血脉的正统与高贵。为了满足这个要求，人们便通过制造、罗织、编纂等方式达到“攀附”的目的，并以故事

① 吴飞．火塘·教堂·电视：一个少数民族社区的社会传播网络研究．北京：光明日报出版社，2008.

传说等叙事手段将它们记忆下来，传袭下去。二是对于“英雄祖先”的记忆并不仅仅满足于对祖先根骨、血脉神圣的族源性解释和族群名分上的攀附，它可以在现实生活中转换成生产、生活、生计、生存等重要的配置性资源。换句话说，它可以直接为自己带来现实的好处和利益。①

村寨孩子们的社会化过程，火塘功不可没。在这最平常的火塘边，苗寨的长辈们用这些古老的记忆来激发后代人的认同感和对祖先的崇敬，孩子们从父辈那儿接受到传统村寨文化的教化，慢慢学会村寨传统的伦理道德规范。

我在岜沙的田野考察期间都是住在滚大哥家。一家人中滚大嫂每天待在家里的时间最长。我认真观察过滚大嫂，每天家里最早起床的她就是围绕着火塘开始自己一天的生活。尤其是冬天，火塘是屋子里唯一带来温暖的地方，大嫂几乎可以一整天不离开火塘。烧水、做饭自不必说，绣花、缝衣也都在火塘边完成，晚上看电视以及一家人闲聊更是离不开火塘。

人际传播总是在特定的时间、地点以及一定的时空背景中进行的，人们谈话的内容和方式在很大程度上受到前三者的影响和限制。在岜沙，饮食、祭祀、敬神、款客、议事等大部分的活动在火塘边进行，它并非一个简单的火堆，而是家庭生活的核心场所，除了具有做饭、取暖和照明等使用价值以外，这儿也是村寨里人们最重要的人际传播空间，是人们建立和维护情感的重要场所。围绕着火塘，岜沙人进行着本民族传统文化、伦理道德和民族情感的传递，同时也传播着有关生产和生活的知识。伴随着人类的进步，都市里的人们已经使用上了清洁又便捷的能源。我在想，偏居一隅的岜沙苗寨有可能会在未来的某个时候用上天然气、煤气。到了那一天，火塘这种极具传统文化特色的信息传递形式也就丧失了它的功能。

3.1.2 芦笙堂

村落公共空间往往是村寨祭祖、供神、节庆活动的重要场所，它发挥着构建亲缘与伦理秩序的功能，也是传统村落社会最典型的制度化空间。在功能主义社会学看来，社会秩序是社会得以聚集在一起的方式，村落公共空间也就成为了村

---

① 彭兆荣文，潘英年摄．摆贝：一个西南边地的苗族村寨．北京：生活·读书·新知三联书店，2004.

寨社会秩序生成的重要场域。芦笙堂作为岜沙苗寨典型的公共生活空间，对村寨生活秩序及族群认同的强化作用意义非凡。

芦笙堂是五个寨子跳芦笙的公用场地。四周有遒劲的松树、粗壮的枫树以及挺拔的杉树和树冠繁盛的香樟树，去往芦笙堂的小路上长着高高的蕨类植物。芦笙堂所在的平地不是人工开凿出来的，而是一块天然的坡顶平地，绿色的植物环绕着它，正好衬托出一种天然神秘的氛围。每年农历 11 月 19 日的芦笙节，是岜沙苗寨一年中最热闹的节日。芦笙节期间，村民们走亲访友是节庆里展开人际传播的重要时间段。不仅亲朋好友在这期间相互沟通信息、交流情感，族群成员间也利用这个机会进行更充分也更具习俗性的人际沟通。从传播学的角度看，芦笙堂是岜沙苗寨里重要且活跃的信息交流空间。村民们在这里饶有兴趣地谈论着村寨的各种变化，也在这里交换着对村外生活的各种想象。不同的信息、不同的思想观念在这里交换与碰撞，借助芦笙堂，村民们展开对于自己的“世界图景”以及村寨集体记忆的勾勒。在频繁的互动和潜移默化中，村民们知道了本民族以及村寨的前世今生，共同的记忆也得以延续。芦笙堂是村寨信息传播以及村寨各类事务评价的中心，是村寨里极为典型的微型“公共空间”。

除了火塘，民俗节日是一个更大范围的人际传播异常活跃的时刻。每个民族都有自己传统的节日，岜沙苗族也不例外。苗寨的村民们每年举行共同的仪式和庆典活动，全村男女老少都会参加。这些共同参与的活动不仅增强了家族的凝聚力，也让村民们的感情和联系得以加强。

在一定程度上，村寨中举行的仪式和庆典，是对村寨历史的记忆。岜沙苗寨的节日大都承担了两项最基本也是最重要的功能：一是娱乐，村民们通过这些全村总动员的节日获得精神上的愉悦与放松，并借助这一共同的活动加深着和邻里亲友之间的情感联系。二是通过这种程序化或模式化的仪式，把那些隐藏于日常生活的文化观念、文化模式自然而然地传递给族群成员。村寨文化的深处结构如价值观念、思维及行为模式、审美情趣等在这一次次隆重的民族节日中被凸显、被强化，对于村民民族认同感的增强无疑有着巨大的作用。美国学者迈尔威利·斯图沃德指出，当个体将自己和其他人视为同一民族共同体成员的时候，并且该民族共同体成员都形成了对于该民族的物质文化和精神文明相类似的态度的时候，就形成了民族认同。①

---

① 迈尔威利·斯图沃德. 当代西方宗教哲学. 周伟驰，等，译. 北京：北京大学出版社，2001.

传播学家罗杰斯在《创新的扩散》中曾指出，传播网络由一些内部相互关联的个体组成，这些个体之间有着一定的信息流动模式。他把人际网络分为两种，即互锁式人际网络和辐射式人际网络。在人际沟通网络中，不仅中心成员与其他成员之间有关联，而且网络中的任何两个成员之间也有关联，这称为互锁式人际网络。相反，如果仅仅中心成员与其他成员之间有关联，其他成员两两之间不存在关联则为辐射式人际网络。辐射式人际网络不像互锁式人际网络那样稠密，但是开放度（指某个个体或组织与外界交换信息的程度）更高。在辐射式人际网络中，中心成员能与更广泛的外部成员交换信息。在创新的扩散过程中，辐射式人际网络更为重要，因为辐射式人际网络中的网络链具有系统的外延性，而互锁式人际网络更具有内生性。在岜沙苗寨中，村民们的人际网络更倾向于互锁式，虽然开放度不够，但却更稠密。也正是因为这样的特点，使得新的信息流动、新的生活方式、行为习惯以及观念态度的扩散就显得更为吃力和不易。岜沙，这样一个典型的初民社会的村落里，经济相对落后，文化的状态也就相对较为稳定，外界信息的刺激并非那么立竿见影。同样，在岜沙的人际传播中，新事物扩散的速度变得缓慢，更多的是在结合了村民们原有习惯和方式的基础上进行再造和重组，很难呈现现代都市中新事物扩散的快速、接纳和包容。基于这样的现实背景，村民们彼此间的人际传播恰好能形成一种舆论环境，这对于逐渐改变村寨固有的文化现状有着非常重要的影响和作用。总体而言，经典的人际传播依旧是岜沙苗寨最为直接、最具信任感且信息含量最为丰富的传播方式，它持久而深刻地影响着村民们的观念以及村寨里的日常生活。

强调文化的共享，目的在于维系一个社会。詹姆斯·W. 凯利对传播的定义分为两大类：传播的传递观（a transmission view of communication）和传播的仪式观（a ritual view of communication）。凯利认为，传播的仪式观指的是在时间上对一个社会的维系；不是指分享信息的行为，而是共享信仰的表征。传播的起源及最高境界，并不是指智力信息的传递，而是建构并维系一个有秩序、有意义、能够用来支配和容纳人类行为的文化世界。① 它更强调传播过程中传受双方的平等以及“信息场”的开放性。这样的开放性是其他传统媒介欠缺的。

① 詹姆斯·W. 凯利. 作为文化的传播：媒介与文化论文集. 丁未，译. 北京：华夏出版社，2005.

3.2 间接人际传播的兴起

作为人类传播活动中最古老也最基本的形式，所有其他形式的传播都是以人际传播为基础进行的，在某种意义上而言，其他形式的传播都是人际传播的某种延伸或变形。① 作为人类最基本的传播形式，人际传播经历了面对面传播、演示传播和电子传播三种形态，而语言、文字和电信号就是与这三种形态相对应的传播媒介。随着电子媒介快速的发展以及互联网的广泛应用，原本分属于不同类型的媒介逐渐迈向了融合，人际传播媒介也相应地呈现出泛化趋势。“中介物”一直存在于人际传播之中。捎口信是一种古老的人际传播方式，捎口信实际上也就是传播中介。这之后有了信函、电报、电话，再往后又有了邮局、电信公司等媒介组织，它们也都是主要用于人际传播沟通的媒介形式。由此可知，今天的手机已经充当了人际传播中最为重要的媒介角色，借助它的功能，异地即时的人际传播成为了现实。

打破时间、空间的限制，实现信息的即时交换，这些都是手机媒介最为重要的特点。随着相关技术的不断开发推广，手机承载的媒体传播方式和内容正日益丰富。“手机传播将会在很大程度上作为传统人际传播的补充和延伸，成为新世纪新兴的也是应用最为普遍的一种人际传播方式。”② 传统的乡村人际传播形式较为单一，其人际传播的媒介主要以面对面式、语言、姿势或表情为主。手机、计算机和互联网媒体为当今村落的人际传播提供了新的中介。新技术的普及让村民人际交流不再受到距离的限制，手机越来越成为日常生活中被频繁使用的人际交流方式。在技术不断发展的今天，手机不再只是简单的通讯工具，还是一种多媒体传播介质。由于经济能力的限制，村民们的手机大多比较便宜。2014 年田野调查期间，我做过关于手机媒介的调查，从收集到的数据看，当时村民使用的手机价格基本在 500 元左右。虽然这类手机的信息容量较小且传播界面窄，但这些硬件导致的传播不完善基本没有影响村民们对手机的使用频率。村民用手机交流类似于面对面沟通，这两种方式都属于人际传播的范畴，只不过在面对面的交

① 李彬．传播学引论．北京：新华出版社，1993.

② 吴世农．手机在网络人际传播中的功用及影响．北京：新华出版社，2008.

流中互动符号更为丰富和具体，且可以调动更多人身体的感官体验。面对面交流虽具有更强的生动性，但手机信息传播的即时性和快捷性也让居住在山地、交通不便且信息闭塞的村民们开始习惯频繁使用手机进行间接的人际传播。逢年过节，用手机和亲戚朋友问候也成为了村民们越来越经常性的选择。马克思“以时间消灭空间”的论断用在手机媒介上是极为适合的。通过手机传播，社会信息的流动可以进入更为广阔的人际传播网络，也就是说手机这一媒介的使用可以使各类信息几乎是随心所欲地游弋在人际传播网络之中。

保罗·莱文森提到过媒介演化的两个重要问题，即“人性化趋势”和“补偿性理念”。他认为，人类技术的开发是朝着越来越人性化的方向发展下去的，与此同时，人们在选择一种后继媒介时，往往是出于一种补救性措施，是对过往媒介先天不足的功能补偿。“我们选择的工具是：媒介如何延伸我们交流的范围和能力，却又不扰乱我们从生物学角度的企盼”①。相对于电视媒体的线性传播，手机作为一种新兴的传播方式确实带来了电视传播所不具备的人际隔阂的补救。手机及其丰富的应用，让村寨的文化环境和村民的日常生活有了更多的技术气息。在对岜沙苗寨的田野调查中，我们发现，无论是年长者还是刚刚初中毕业的学生，手机已经成为了日常生活极其普通的一件物品，如同自己房屋的钥匙，普遍却也不可或缺。

以手机为介质的间接人际传播方式的出现和普及，最为重要的原因是它的便捷性顺应了深居山地的村民日常生活的需要。保罗·莱文森认为，手机就是一个流动的家园，它满足人类边移动边交流的双重需求，使人对它的依赖性越来越大。通过对岜沙苗寨手机使用现状的调查发现，年轻人是使用手机最为频繁的人群。主要原因在于年轻人更多地把手机当作彼此间聊天甚至交友谈恋爱的重要介质。手机与年轻人的思维方式、人际关系等相互影响、相互作用，为村寨带来了新思维和新空间。手机使用的频繁极有可能给岜沙苗寨的年轻人塑造出一种独属于他们自己圈子的亚文化，这是一个与村寨传统文化氛围有些不一样的圈子。

麦克卢汉认为，拼音文字是从听觉空间到视觉空间的延伸，电子技术是从肢体延伸走向大脑延伸。以手机为代表的新的人际传播介质对村寨文化的变迁产生

---

① 保罗·莱文森．手机：挡不住的呼唤．何道宽，译．北京：中国人民大学出版社，2004.

着影响，乡村日常生活与仪式秩序也都有了微妙的变化。过去，手机因其功能的局限，只能进行语音通话和短信收发，这样的传播方式往往是一对一或一对众，信息的流向与选择也是不受控和单向的。今天，具备了上网功能的手机因技术的飞速发展具备了更多的传播可能，增加了多对多的大众传播模式，从而使手机从单一的人际交流扩展到了丰富的大众传播领域。手机开创了将人际传播、组织传播和大众传播相互叠加、有机结合而成的多维传播时代。毫无疑问，随着人类传播技术的飞速发展和日新月异，在未来，作为技术进步和人类选择的必然结果，人际传播媒介还会出现新的变革。而少数民族村寨，随着信息和技术不断地融入，也还将继续当下这样一种受到新媒介、新方式影响的可能。

在中国的农村地区，总体而言，进行社会互动与交往时，熟人社会还是其互动的主要对象。村民的社会行动建构着他们自己的社会生活。人与人之间互动的社会过程，能形成特定社会结构，从而影响到社会各项调控机制。当下的岜沙苗寨，村寨生活中人与人之间的互动主要表现为交往和合作。在这个基于亲属关系的同质社会，他们有着对传播信息的高度共享和认同，加之对农信息在大众传媒上的缺失，这些都使得农村地区人际传播依旧强势运行着。

3.3 “文化反哺”：民族村寨文化传承方式及内容的变革

文化传承涉及一个社会如何以某种方式将社会成员共有的价值观、知识体系、谋生技能和生活方式一代代传递下去，它是文化或文明积累的基本方式，也是一个民族或社会能够不断前行的基本条件。文化传承和社会学中所说的“社会化”其实是同一过程的两个方面：前者涉及人类共同体如何接受先前的社会创造出的文化财产，后者则着眼于个人如何通过对人类文化的接受从一个自然人成为一个合格的社会成员。① 单就文化传承而言，总是由上一代向下一代传递，这也是社会文化传承的基本法则。这样的文化走向在家庭内部体现得尤为明显。文化主要是人类行为的结果，而不全部是“本性”的产物。② 每一个群体的生活世界

① 周晓虹．文化反哺：变迁社会中的亲子传承．社会学研究，200.

② 戴维·英格利斯．文化与日常生活．张秋月，周雷亚，译．北京：中央编译出版社，2009.

是由这个群体的文化所塑造的。个人的生活世界，是由他们所属的不同群体中所有相互交织的文化力量组成，并且由他们生活其中的社会语境所构建。在变化较少的社会里，相对应的文化也就更为稳定，新的问题很少，每个人按着那一套传统的办法足以应对生活。与此同时，文化好似一张图谱，每个人按照问题去这张图谱上查找。

社会转型期，受到周遭各类环境改变的影响，人们的价值观、生活态度、知识体系以及行为模式都发生着改变，传统的文化传承方式所具有的合理性也开始面临挑战和改变。早在 20 世纪 40 年代，“代沟” 现象就已经被社会学家和人类学家关注到。今天，社会变迁更为快速强烈，长辈和后辈的适应能力不同，这决定了他们在面对新事物时理解和吸纳的能力必然存在差异。长辈曾经拥有的教化的绝对权威面临着挑战，与此同时后辈却获得了前所未有的 “反哺能力”。这让我们看到急速变迁的社会大背景下，不仅文化的传承内容有了改变，而且文化传承的方向和形式也开始不一样。

对于文化传承的类型，美国人类学家 M. 米德从文化传递的角度将它分为三种基本形式，即前喻文化（pre-figurative）、并喻文化（co-figurative）和后喻文化（post-figurative）。“前喻文化是指晚辈主要向长辈学习；并喻文化，是指晚辈与长辈的学习都发生在同辈人之间；而后喻文化则是指长辈反过来向晚辈学习”① 传统意义上一个社会文化传承规范的方式是前喻文化，但是 M. 米德令人信服地论证了在急速的社会变迁的巨大推动下，新的文化传承模式出现的历史必然性。②

在岜沙苗寨，人际传播作为当下人们之间最为原始也是最为亲密的传播手段，在文化传承与重构过程中依旧发挥着重要作用。关于过去历史的各种记忆以及未来生活的各种想象，村民们在日复一日简单却时刻使用着的人际传播中，利用口耳相传交换着各自感受到的外界情形。这其中，有外出打工的年轻人对外界生活的详细描述和真切感受，也有从其他途径了解到的未来景观的自我感受的交换。在我的观察看来，今天的岜沙，在苗寨从封闭走向渐趋开放之时，也同样出

① M. 米德. 文化与承诺：一项有关代沟问题的研究. 周晓红，周怡，译. 石家庄：河北人民出版社，1987.

② 周晓虹. 文化反哺：变迁社会中的亲子传承. 社会学研究，2000（2）.

现了传统的文化传承者与被传承者位置模糊甚至是颠倒的现实场景。年轻一代与父辈们最大的不同就是他们对于外界信息的接受和利用更为日常化。对于生活的这个世界的认知与评价，年轻人除了通过日常生活中的人际传播通道获得所需信息之外，更善于利用手机、电视这些新的信息通道。村民们对于各类信息，特别是大众传媒所传播的信息会存在一个再次解读的过程。例如一项新的农业技术，如果想在农村地区有一个正面积极的认可和推行，从一些具有较高社会地位或是较高教育背景的村民开始往往会更顺畅。这个过程中，村寨“能人”如村官、党员，或是“名人”如大学生、返乡农民工，都有着极其重要的影响力。这样的影响力往往通过人际互动达到最大化。在岜沙苗寨，各类信息的人际传播，每个人既是受众，同时也可能是下一个信源。

20 世纪 90 年代末，周晓红就针对文化反哺进行过描述：在急速的文化变迁时代所发生的年长一代向年轻一代进行广泛的文化吸收的过程。① 文化反哺是随着村寨发展出现的新的人际信息传播方式，长辈们开始反过来向晚辈们学习，其中最为突出的是在文化的表层，如日常行为或器物层面。人们的日常行为处于社会文化的表层，它与价值观和生活态度等更为深层的文化因子不同，更易受到来自外部环境变化所产生的影响。放眼中国社会自改革开放以来的历史，人们日常行为的变化最为明显。

岜沙苗寨的文化反哺在新器物的使用上最能凸显。年轻人对新事物表现出来的兴趣和接受与适应能力远超父辈，父辈们常会受到传统和经验的束缚，所以在新知识、新观念直至新生活方式的接受和引进中，村寨里的年轻人往往走在最前面。住在滚大哥家做田野调查期间，因为笔记本电脑太沉，于是给 iPad 加了键盘，用它来写调查日记。熟络后大哥的儿子滚云飞常常凑过来看我写日记。空闲时我教云飞玩 iPad 里的小游戏，很短的时间里云飞就能搞明白游戏规则并自己独立玩耍。每次云飞玩游戏，我都能看到火塘边坐着的滚大哥和大嫂流露出的浅浅的、含蓄的笑意。在我看来，那样不易被外人觉察的笑意中有着对儿子可以熟练掌握电子产品的小小骄傲，甚至还有一丝的羡慕。滚大哥家的电视，有几次因为信号的缘故变成了雪花屏，大嫂都是无计可施，每次都喊云飞下楼来调整。在手机功能的使用上，村寨里很明显的分为两类。如滚大哥、大嫂一般的中年人或

① 周晓红．试论当代中国青年文化的反哺意义．青年研究，1998（11）．

老人，手机仅仅就是打电话的工具，而对于像云飞一般年龄的年轻人，则往往频繁使用着如 QQ、UC 浏览器等更为丰富的功能。2014 年在岜沙苗寨做田野调查时，还没有年轻人使用过微信，但在 2017 年 3 月的短期田野调查中，我所接触的村民中使用微信的已经不再是少数。(见图 3.2、图 3.3)

图 3.2　滚云飞和同学在玩 iPad

图 3.3　滚大哥帮父亲存储亲戚的电话号码

各类外来信息进入，给了年轻人除父辈之外一个获取大量的知识和信息的重要途径，正是这一点让年轻人在与长辈的互动中获得了“文化反哺”的能力和话语权力。在岜沙苗寨的文化反哺过程中，那些走出过大山、有过外出打工经历且思想较为活跃的年轻人有着较高的影响力。村寨里原来的村支书滚拉，曾经是寨子里远近闻名的人物。1973 年他曾到北京当兵，一待就是 6 年，普通话说得比县城里的很多机关工作人员还地道。听老支书说，因为自己到过北京当兵，算是村里难得的见过世面、出去过的人，所以回来后村民们对他很认可，也就当上了村支书。遥想当年的时光，在滚拉看来很值得怀念。在和滚拉大叔交谈的过程中，我能感觉到他对过往的怀念中，既有着对已逝岁月的感慨，也有着对曾经作为村里重要人物的一种留恋。

在村民们看来，这些走出过闭塞大山的年轻人，见识过外面精彩的世界，思想注定更为活跃，眼界也必然更开阔，大家更愿意听他们讲述那个自己不曾亲眼见过的世界。在市场经济的影响下，岜沙苗寨部分年轻人初中毕业便选择到大城市打工。虽然相对于整体人口，邑沙苗寨外出打工的年轻人数量远比其他村寨少，但毕竟相较于他们的父辈，今天开始有更多的年轻人走出大山。农村社会变迁的加剧，年轻一代特别是走出过大山的年轻人在适应力和接受力方面高于父辈。另一方面，邑沙苗寨年轻人受教育的程度也要远远高于父辈，这也让他们对自己未来的生活抱有更多的期待。这样的期待能转换成一种动力，促使他们更积极地去寻求发展和提高。作为文化反哺的主流人群，他们的视野不断扩大，与之相应的思想、观念和行为也必然发生更多变动，他们成为了村寨中最具有变革传统生活方式的那一部分人。曾经走出大山，见过不一样的生活，再次回到僻静闭塞的故土，返乡的这些年轻人，借用文化反哺的方式开始影响村落里的人们。作为社会转型背景下出现的新的信息传播方式，文化反哺借助年轻人以及外出者的介质作用，在一定程度上刺激着乡土社会，从更深层面看，文化反哺在带动村民们认知外界、改造陈旧观念以及不断催生现代性意识方面影响深远且意义重大。

费孝通在《乡土中国》中指出：文化不稳定，传统的办法并不足以应付当前的问题时，教化权力必然跟着缩小，缩进亲子关系、师生关系，而且更限于很短的一个时间。在社会变迁的过程中，人并不能靠经验作指导。能依赖的是超出个别情境的原则，而能形成原则、应用原则的却不一定是长者。这种能力和年龄的关系不大，重要的是智力和专业，还可加一点机会。讲机会，年幼的比年长的反而多。他们不怕变，好奇，肯试验。在变迁中，习惯是适应的阻碍，经验等于顽固和落伍。顽固和落伍并非只是口头上的讥笑，而是生存机会上的威胁。① “文化反哺”作为变迁社会中文化传承的新模式，它表明传统社会单向的文化传承模式正向现代社会双向的乃至多向的文化传承模式转变。事实上，这一文化传承模式的出现，不仅为年长一代顺应社会生活、继续追赶历史潮流提供了可能，同时也加重了年轻一代的历史责任感。一般社会化和反向社会化或“文化反哺”的共生互补说明，社会的发展赖以借助的文化延续，从来没有像今天这样明显地存在于年长一代和年轻一代的沉浮与共之中。②

在中国的一部分乡村，返乡的大学生也应该是进行文化反哺的主流人群。对于地处偏远且受教育程度不高的邑沙苗寨而言，大学生绝对是稀缺资源。但是在

① 费孝通．乡土中国．北京：人民出版社，2008.

② 周晓红．试论当代中国青年文化的反哺意义．青年研究，1998（11）.

岜沙，全村2000多人里仅有4个大学生，却并未成为进行文化反哺的主流人群。究其原因，一方面是因为大学生数量太过弱小无法形成合力，也还缘于村寨中人们对于知识和文化的重视程度还有待提升。大学生，相较于普通村民，他们与社会之间的交往极为活跃和频繁，能获得的社会支持也会更多更广。通常而言，受教育水平越高，在应用新技术的能力上往往更强，这将使他们与其他人建立社会关系的机会大大增加。同时，受教育水平高，也就意味着他们能给其他人提供的社会支持更多。文化反哺方式的出现和影响力渐趋扩大都在告诉我们，充分发挥青年一代在知识和信息上的优势，将有助于更好地盘活村寨文化的内聚力，也将有助于提高村民保护传统文化的积极性，让大家自觉、自发地为传统文化的传承和发展贡献力量。

在传统社会，社会发展缓慢，人们生活发生变动的机会极少，所以生活的意义是既定的，长辈们走过的路也就是年轻人未来的生活，故而前喻文化成为了村寨文化传承的最主要模式。但是，今天的岜沙苗寨，长辈不再是文化传承与创新的绝对权威，后辈因吸纳新知和创新的能力，开始拥有了影响和改变的可能。来自后辈对长辈的“文化反哺”，好似一场“静悄悄的革命”，虽然还未显现出“颠覆性的意义”，但不知不觉中，村寨延续了千年的文化传承关系及内容正在经历着改变。

3.4 乡村人际传播的核心价值

农业生产对土地的依附以及农耕生活的周期制约，使得村民们的生存空间相对比较固定地集中在一定的地域。当血缘和空间合并到了一起，就形成了一个具有一定人文意义的村寨。岜沙苗寨的人们，最早的时期，像所有为了生存下来必须结对共同面对自然及各种自然危害的村寨一样，团结互助是祖辈们留下来的重要生存法则。那个时候并没有等级森严的社会体制，共享是所有村民自然而然明白的道理。随着社会形态的演进，等级观念开始逐步形成，这也使得村民之间的交往开始有了功利色彩。但总体而言，岜沙苗寨今天的人际传播网络还是一种相对原始和简单的状态，这其中亲情和友情的维护还是最为重要的出发点，这也契合了费孝通先生在《乡土中国》中对于“差序格局”的描述。在他看来，人际传播建构的动力与中心点是血缘关系和地缘关系。在对岜沙苗寨的现实考察中发现情况也正是如此。在村民们的人际关系网络中，最为重要和密切的位置属于亲戚和本村寨的人。我作为一个外来者，花了很多的时间去接触他们，依旧不太容易进入那个相对封闭的人际交往圈。2013 年，是我在岜沙苗寨进行的第二次田野调查，历时一个月。因为有前两次的调查作为基础，我才在这次田野调查中获得了村寨里常接触的一群女孩子的信任，也才能和她们聊起更多关于感情和生活设想方面的话题。从 2012 年到 2017 年，我先后四次到岜沙苗寨，四年的时间跨度，确实也让我体会到了村民们社交圈子以及对外接纳度的渐趋扩大。

人际传播一直都是人们获取生存资源和发展机会的最重要的载体和工具。在岜沙苗寨，村民们所依赖的以血缘、地缘为主的社会关系网络对于其传统观念和文化也有着保护的作用。“无论何时，只要人们涉入人际传播，就会将文化印记编织到信息之中。文化印记以多种形式显现，有语言的也有非语言的。”① 无论是作为最古老传播方式的面对面传播，还是因为技术发展而被带入村寨的间接人际传播，或是随着村寨发展而出现的文化反哺，都让我们看到，在少数民族村寨，村民们的社会互动是基于人们所获取的信息，人际传播仍然是村民们获取信息的重要渠道。

因为相互依赖性，人际传播与人际关系在本质上不可避免地具有关联性。人际传播的真正价值蕴藏于个人生活之间，在于个人间心灵的交往。② 马丁·布伯这样写道：“人生存的基础事实是彼此关联着的人，人无法逃避与他人发生关系。我与你相遇，我与你彼此联系，即使我们的交往是一场相互斗争。即使在彼此的关联中，我已不完全是我，你也不完全是你。但只有在生动的关联中，才能直接认识人所特有的本性。”③ 岜沙苗寨如同其他的农村地区，也是一个基于亲属关系的同质社会。在这个社会中，成员的同质性极高。就信息传播而言，村民们有着共同的生产生活方式、消费方式以及娱乐和爱好，彼此间有着对于传播信息的

① 莱斯莉·A. 巴克斯特，唐·O. 布雷思韦特．人际传播：多元视角之下．殷晓蓉，等，译．上海：上海译文出版社，2010.

② 吴飞．火塘·教堂·电视：一个少数民族社区的社会传播网络研究．北京：光明日报出版社，2008.

③ 马丁·布伯．对人的问题的展望．存在主义哲学资料选辑（上卷）．北京：商务印书馆，1997.

高度共享与认同。加之大众传播中对农信息的缺位，这些都给岜沙的人际传播预留下了足够大的运行空间。

关于舆论场，清华大学刘建明教授指出构成它的三要素——“同一空间的人群密度与交往频率”“舆论场的开放度”和“舆论场的渲染物和渲染气氛”。一般而言，同一空间人们的相邻密度与交往频率较高、空间的开放度较大、空间的感染力或程度较强，便可能在这一空间形成舆论场。① 乡土社会往往由民间的“草根力量”支撑着。在来自国家和官方力量的冲击下，这样的草根力量虽然表面很脆弱，但内核却十分坚硬，生命力极其顽强。人际传播具有开放性并承载感情，在鼓励说话者和倾听者的同时，对于维持一个健康的、有活力的文化系统也具有重要意义。在岜沙苗寨，往往会有一个或多个自发的人际传播的“舆论场”。这个场既是家家户户都看重的火塘，又是作为公共空间的芦笙堂，还是村寨里某一块开阔地，或是小卖部的门口空地。农闲或是饭后，大家会自发地到聚到这些地方聊天、交流各种信息或是印证各种传闻。

村寨聚落其实就是以血缘和地缘为中心的社会生活共同体。在“熟人社会”关系尤其凸显的少数民族村寨中，有关日常生活的信息收集或处理等诸多方面，村民们还是倾向于利用自身的人际网络，也就是他们所认可的圈子，因为这样的人际传播方式更灵活，更直接，互动性更强，当然效果也更为明显。罗杰斯曾指出，传播网络分析实际上就是以网络中的人际沟通关系为分析单位，分析网络中有关信息流的资料，从而弄清系统传播结构的一种分析方法。在罗杰斯看来，相互关联的个体之间有着一定的信息流动模式，这对于传播网络极其重要。人际传播是其社会传播网络的核心圈层，它对于村寨文化现代建构所起到的作用明显而深刻。

① 高丹莉．人际传播与大众传播在农民教育中的作用．新闻爱好者，2009.

4 组织传播：基于国家力量的引导性建构

赫伯特·西蒙这样定义组织："组织指的是一个人类群体当中的信息传播与相互关系的复杂模式。它向每个成员提供其决策所需的大量信息，许多决策前提、目标和态度；它还向每个成员提供一些稳定的、可以理解的预见，使他们能够预料到其他成员将会做哪些事，其他人对自己的言行将会作出什么反应。社会学家将这一模式称作'角色体系'；我们大多数人则称之为'组织'"。① 在今天高度分化的社会中，组织是一项主要的机制。它看似无形，却又似乎可以感知。帕森斯认为，组织系统之间信息和能量的交换，为组织内部或组织之间的变迁提供了潜在的可能性。② 组织作为一个符号系统，它往往是以一种情景、一种意义框架的形式而存在。组织系统中，人们之间信息的有效传播通常推动着组织中各种关系的互动影响，因此传播是组织的生命线，传播是组织实现目标的重要工具。我们生活的这个世界，人类社会的组织传播现象无处不在。古往今来，历史中的组织传播曾给社会带来过剧烈的改造。组织中始终充盈着各种各样的传播，传播又矢志不渝地推动着各种各样组织的繁衍和发展，因此成就了人类社会负责的组织传播世界。③ 组织传播对于少数民族村寨而言是极具代表性的一种信息沟通形式。在岜沙苗寨，国家权力组织以及现代教育体系共同构建的组织传播网络对于传统文化的变迁与建构起到的引导性作用尤其突出。

---

① 赫伯特·西蒙．管理行为．杨砾，等，译．北京：北京经济学院出版社，1988.

② 乔纳森·H. 特纳．社会学理论的结构．邱泽奇，张茂元，译．北京：华夏出版社，2006.

③ 胡河宁．组织传播学：结构与关系的象征性互动．北京：北京大学出版社，2010.

4.1 国家权力的制度性渗透

文化与社会权力机构紧密相连。文化总是被社会权力机构和权力阶层以一种或其他方式塑造和影响，不管身处这些群体中的个体是否完全认识到这一点。卡尔·马克思认为，一个社会中的主导文化，与这个社会中的统治阶级相联系，并由其创造。统治阶级的观念在每一个时代都是主流观念。例如，一个社会中控制物质力量的阶级，同时也控制着知识力量。从这一观点出发，文化即是意识形态的同义词。它通过用适合统治阶级利益的方式定义现实，以此来帮助再生统治阶级的力量。对韦伯来说，文化不能完全转化为社会权力，但两者紧密联系。对米歇尔·福柯而言，不同的语言（“话语”）并不仅是以某种方式定义了世界，并且还以迎合、反应某些社会阶层利益的方式进行定义。①

狩猎曾经是生活在大山深处的岜沙村民最为重要的生计模式。随着猎物的减少以及国家相关政策的约束，以狩猎为主的古老的生计方式开始逐渐退出村民们的日常生活。在田野调查期间，每每问起打猎的事情，村民们大多感慨，山上已经没有什么猎物可以打了，靠打猎维持生活是不再可能的事情了。在和年长的村民的访谈中，我隐约能从他们的话语中感受到对于过往打猎生活的一丝怀念和回味。没了猎物、加之政策的约束，村民们必须开始寻找新的生计方式。这新旧方式转变的过程中，组织传播在其中所起到的引导性作用最为显著。通过组织传播的渠道，更多现代化种植经营的理念开始代替打猎这种古老的生计方式，并不断冲击着村民们的思想观念。在国家权力组织的影响和介入下，种植业开始成为了村民们农业生活的主导。与滚大哥家生活在一起的这段时间，我常和大哥闲聊，他说：“我们不懂技术，上面（村委会）让大家种什么我们就种什么。种子是上面买来发给我们的，然后派技术员来教我们种。”世纪之交，村民们曾在县里统一的指导和安排下种植过椪柑，刚开始的几年这也的确给大家带来过一定的收入，但后来由于水土及技术的缘故，椪柑树都因黄叶病枯死掉了，之后大家就没有再继续种植。2013 年我在岜沙田野调查期间，村民们已经好多年没有再种植

---

① 戴维·英格利斯．文化与日常生活．张秋月，周雷亚，译．北京：中央编译出版社，2009.

其他经济类作物。2017 年 3 月，这篇论文结束写作前，我再次去到邕沙，村民们告诉我，前两年村里组织大家种植杨梅树，村民纷纷响应。但现在已经只剩很少的家庭还在种植杨梅树，主要原因是杨梅采摘后难以长久保存且对于运输条件要求较高，所以好多人也就放弃了大面积种植。现在村寨里还在少量种植的家庭，但大多也只是种杨梅给家里人吃，没有靠种植杨梅改善经济状况的想法。

2017 年 3 月 3 日，在结束对邕沙小学贾旺拉老师的采访后，我陪他去自家的耕地里种小树苗。照片中他身后田坎上两棵较大的树就是前两年他种的杨梅树。原来有一大片，现在也就只留下这两棵。每年两棵树结的杨梅也就够家里大人和孩子吃。(见图 4.1)

图 4.1　邕沙小学贾旺拉老师家耕地里仅有的两棵杨梅树（摄于 2017.3.3）

相隔 7.5 公里的山下县城便是邕沙通往外部世界的主要场所。对于常年生活在村寨里的人们而言，县城是他们扩大交往空间、参与区域性活动最重要的场所。看似“天高皇帝远”的大山深处的村寨，在官方的强势文化和地方精英的中介作用下，也必须面对官方主流意识形态不断渗透进入村寨的现实。国家通过行政和文化的通道向村寨渗透，在一定程度上改变了村寨原有的秩序、价值观以及规范。按照詹姆斯·凯瑞（James W. Carey）的说法，传播是指在时间上对一个社会的维系，是共享信仰的表征，其目的是建构并维系一个有秩序、有意义、能够用来支配和容纳人类行为的文化世界。现在，每每有旅游团来到村寨，村里的表演队就会从寨门到芦笙堂一路给游客们表演。这些表演大部分并非岜沙苗人原汁原味的生活场景再现，大部分内容基本上是经过县旅游局统一规整策划后的演绎。一定程度上，这些表演更多应该算作官方意识形态经过了民间化之后的表象。原本由生活自然组合而成的民俗文化，在今天，成为了旅游业首当其冲的改造对象。

长期以来，经济的优先发展策略使得来自上层的各类关注与建设把落脚点更多投注在基础设施的改善与脱贫致富层面，村寨文化发展的诉求被搁置一边或是简单处理。文化让位于经济，导致的结果就是民族文化弱化发展态势进一步加剧。更进一步，随着少数民族群众商品经济观念与市场竞争意识的不断增强，在经济优先发展策略的影响下，传统文化被商品化现象开始出现。这样的变化与市场经济相适应，有一定的积极意义，但急功近利的盲目商品化只会带来对传统文化的损害，且与振兴民族文化的初衷相背离。民族文化在商品化过程中，须要注重其文化内在价值和意义的挖掘与传承，这是民族文化产业的可持续发展之路，也是体现民族文化的首要价值之处。民族文化首先要在本民族的社会生活中发挥它的各种认同功能、凝聚功能、规范功能、自强功能、生活信念、价值导向和人格塑造功能等，它才会有旺盛的生命力，也才会得到他民族的认可和尊重。在此基础上，才会有民族文化的充满活力的变现形式。①

在高度现代性的当下，民间的自我认同与民族—国家、全球化的转型，表现为一种地方化与整体化（或者全球化）的辩证关系。民间力量与民族—国家的现代性诉求之间达成了某种默契，民间在不断地变换着自己的叙述策略，以适应民族—国家的生存环境。但同时，民间在认同现代性以及民族—国家的总体诉求时也具有一定的分散和消解作用，会根据民间自身的需求对各类诉求加以解构和重组。② 如今的岜沙苗寨，歌舞除了是村民们节日时必备的元素外，已经在很大程度上带有了表演的性质。每次旅游团到来，一身威武的岜沙男子就会聚集在寨

① 施惟达．民族文化的价值及其经济化．思想战线，2004.

② 刘晓春．仪式与象征的秩序——一个客家村落的历史、权力与记忆．北京：商务印书馆，2004.

门前吹奏芦笙和莽筒，岜沙姑娘则用牛角盛米酒欢迎宾客。一曲笙歌奏毕，手拿火枪的汉子们会朝天鸣放三枪以示打开寨门，迎客入村。随后游客们会沿着林中小道被参与表演的姑娘小伙儿们带进芦笙堂。接下来经过专业舞蹈老师改造规划后的芦笙歌舞表演开始，整个表演环节也出现了在中国其他旅游景点能看到的场景，表演队的姑娘们会主动拉起游客参与表演，诸如成亲这样的互动环节必不可少。昔日闭塞保守的岜沙，那些带有古朴元素的村寨歌舞正在以旅游业为代表的一系列改造中悄然发生着变化。

岜沙作为从江县发展地方经济、大搞旅游开发的重要村寨，一直是县政府着力打造的旅游重点村寨。在对从江县旅游局的走访中了解到，县政府对岜沙旅游资源的开发自1999年开始，转眼间十余年过去了。在由政府牵头或组织的各类对外招商洽谈会或旅游节上，我们看到的关于民族村寨文化的展现多是基于对外的出发点，衍生出“异化”了的民族文化。这些展现，往往游离于现实的村寨生活之外，更多的是为了迎合外部世界对民族的“文化想象”而做出的“典型景观”，既有对村寨文化生活本真面目的偏向，也缺少了对民族村寨传统文化的现实关照。王希恩指出：“毋庸讳言，民族文化和经济活动的结合促进了经济的增长，也使民族文化得到了传扬。但因为这种结合一开始就是以发展经济为主要目的，因而这里的文化传扬就不能不带有与本民族实际生活脱节的强烈功利主义色彩。”①

任何一种文化都在特定的自然生态与生活环境中生存和发展，如果赖以生存的环境发生变化，甚至丧失了，文化就有可能成为无源之水、无本之木。岜沙的旅游图被刻在了村头的宣传墙，原本古老的寨门旁也加修了小小的窗口，变成了今天收取门票的地方。世代传承的农耕文化在这样的内外力共同介入后会走向何方？

我国的乡村社会，正处于全球化、现代化和城镇化的大转型过程中。我国城乡一体化发展的国家战略被列入了各级政府的议事日程。这是一种来自国家层面的强有力的外在推力，它必将对乡村村民们的日常生活方式产生极大的影响，乡村社会面貌的改变也必将发生。

---

① 王恩希．论中国少数民族传统文化现状及其走向．民族研究，2000.

4.2 现代教育体系对文化传承的改变

4.2.1 岜沙小学：转型期的岜沙学校教育

王铭铭在有关教育空间的现代性与民间观念的研究中指出：在现代社会中，作为“濡化”（enculturation）和“社会化”（socialization）手段的教育空间——学校，分离于一般社会和传统社会的地方性知识之外，依顺民族—国家提供的普遍性知识形成鲜明的学制规则和学究等级，这些规则和等级的强化，致使儿童不断地被分离于社区共同体之外，纳入一种现代公民身份（citizenship）的体制当中。① 作为正式的社会化空间，学校在民族村寨文化的现代建构过程中扮演着极其重要的角色。无论大社会还是小社区，教育及文化进程总是与政治发展轨迹紧密交织在一起。在岜沙苗寨，岜沙小学构成了组织传播中重要的一环。

由于历史的原因，岜沙苗寨在中华人民共和国成立后很长时间里一直没有学校，更没有人会把孩子送到从江县城里的私塾或官学里就读。那个时候的村寨，没有人说汉语，也没有人懂汉字。直到1964年，岜沙小学才建立，现代国家教育体系才算真正进入村寨。民族村寨中的学校，实际上处于村落规范与外部空间（如国家、政治等）的两面压力之中。学校不仅是国家力量深入村寨最为典型的代表，同时学校在很多方面也还延续着传统，“在地（local）”色彩依然浓烈。村落中的学校被国家与地方、乡村与城市以及历史与现实等多重张力紧紧包裹着。岜沙小学是村寨里唯一的学校，包括一到六年级班级，只有小学，没有初中部。村里的孩子们小学毕业后要读初中就得到山下的从江县城去上学。作为基础教育机构的岜沙小学为村里的孩子们将来到县城去继续学业或进入社会打下了最初的基础。（见图4.2、图4.3）

岜沙小学是一所全日制村级小学，位于贯通村寨的321国道的一侧，一块大石头上写着“岜沙小学”四个字。一栋三层的楼房外加一个篮球场大小的小广场构成了岜沙小学的主体。学校是在政府的支持下建立起来的，这样的背景为学

① 王铭铭．教育空间的现代性与民间观念——闽台三村初等教育的历史轨迹．社会学研究，1999（6）．

图 4.2　岜沙小学全貌（摄于 2017. 3. 3）

校赢得了合法生存的社会空间。岜沙小学的操场和教学楼显眼处都写着小学生日常行为规范。这些被凸显出来的行为规范从方方面面体现着国家意志以及国家主导的价值观念。对于小学生而言，国家只是一个抽象的概念。“国家”的概念通过升国旗仪式嵌入到学校的日常生活中，学生们也通过这极具神圣感的仪式获得了关于“国家”最初的体验。

教学楼里的教室还算宽敞明亮，每个教室的黑板旁边都设有读书角，小书架上放着各地捐赠来的书籍，这也是孩子们能获得课外读物的最佳途径。岜沙小学每日给学生提供免费的营养午餐。2014 年前，政府给予每个学生的营养午餐补贴是 3 元，学生只需每周从家里带一次米（根据年级不同所带的量有差异），就可以吃到每日的营养午餐。从去年开始，政府给予每个学生的午餐补贴提高到了 4 元，学生们也就省去了带米的麻烦。现在，学生们每天的午餐都在学校解决。

岜沙小学现有在校生 213 名，其中女生 101 人，分别就读于学校的一到六年级。学校实际在编教师有 11 名。2013 年和 2017 年我都对学校的领导和老师进行了专访。从两次采访中获得的信息看，相隔四年时间里，岜沙小学各方面变化不大。老师们反映的办学过程中最为突出的问题依旧存在。一是专职教师的流动性

图 4.3 岜沙小学教室（摄于 2017.3.3）

依旧很大，很多老师往往把岜沙小学作为一个过渡，连续教学两三年基本都会离开，转入县城小学或是其他更为开放的村寨学校。二是英语老师的缺失依旧存在。英语教师空缺一直都是岜沙小学最突出的问题。这跟整个县级教育系统英语教师缺乏有关。无论是教师流动性大还是英语教师的空缺都对孩子们的学习造成给了极大的影响。

2013 年我在岜沙做田野调查时还没有幼儿园，今年 3 月回去，岜沙小学已经开设了幼儿园班。这个幼儿园班不是独立幼儿园，它依附于小学，有两名在编的专职老师负责班上孩子们的日常学习和生活。幼儿园班的开设主要是针对学龄前儿童做好小学入学前的语言过渡。国家九年制义务教育规定儿童 6 岁入学，但在岜沙苗寨，考虑到语言等各方面现实情况，儿童基本上都是 6 岁半才入学。现在开设的幼儿班基本招收的是村寨里 4 岁到 6 岁左右的孩子。岜沙小学的贾拉老师告诉我，幼儿班在招收学生时没有遇到太多阻挠，村民们也都了解这是为孩子们未来即将开始的小学学习打基础，所以都愿意送家里的小孩上幼儿班。如今，村民们越来越意识到教育对孩子未来生活可能产生的影响，送学龄儿童上学已经成为了大家的共识，对于国家的政策也不需要再过多宣传。2013 年我采访岜沙小学的王校长时，他谈到以前一年级招不到学生时的情况很是无奈："那时，需要挨家挨户做很长时间的动员工作，村民才会把孩子送到学校里来，那些年在岜沙小学当老师真是不容易。"现在学校教育的模式并没有发生根本变化，但是社会变迁的不断发生以及村民们对知识和教育的渐趋重视，都让曾经极其艰难的办学成为了往事。虽然今天岜沙小学现有的办学条件依旧不够完善，但在老师们看来终归是要好过以前，尤其是村民们对学校教育的支持让大家少了很多心理负担。

岜沙小学解决了村里孩子们最初六年上学的问题，但是接下来的初中教育就只能到山下县城里的民族中学完成。去县城的民族中学读书意味着孩子们需要住校，这也是村里孩子第一次真正意义上离开家、离开熟悉的环境，对于一直生活在大山深处的他们而言确实是一次极大的考验。这样的压力来自内在和外在两个层面。首先，这些到山下县城读书的孩子都还保留着传统的苗族服饰打扮，尤其是男孩子头顶的发髻更是能一眼区别出身份。不同于县城学生的独特打扮让岜沙的孩子们饱受了各种异样的目光和对待。以前常常有人叫这些头顶有发髻的孩子"岜沙苗"，这让他们心里很不好受。虽然近些年这样的情形已经有所改变，岜沙苗寨的孩子也不会再强烈地感受到父辈们曾经受到过的歧视和压力。但是毕竟因为成长环境以及日常服饰的差异，今天的岜沙的孩子在选择去县城读初中时往往会迎合县城里同龄人的装扮，头顶的"户棍"一般都会剃掉，身上日常穿着的也不再是苗族传统的土布短衫和宽腿裤。服饰是一种文化符号，同时也是文化的重要载体，它表现并记录着一类文化的特质。服饰文化积淀着某一个民族历史、社会、习俗、文化及宗教等诸多内涵。在一定程度上，某个族群的习俗、风尚、审美情趣乃至宗教信仰、观念及文化心态都附着在其创造和延续下来的日常服饰中，这让它有了调节人与人、人与社会关系以及寻求情感慰藉的社会功能。岜沙苗寨孩子们学校生活日常服饰的改变也让我们看到村寨传统文化带给未来一代内心深处的挣扎及其对外来文化的妥协。

4.2.2 语言环境的变迁

一种语言"划分"世界并赋予其含意的方式深刻地塑造着运用这些语言的人们理解世界的方式。语言能够承担起传递文化价值的作用，它是一项文化工具。民族语言是区分不同少数民族最为显著的外在标志。"语言作为有特权的媒介，被作为种种文化价值和意义的载体。”① 苗族有自己的语言，苗族语言可分为三大方言区：东部方言、中部方言、西部方言（以贵州为界由东向西区分）。贵州大部分地区多属中部方言区，湖南及贵州东部属东部方言区，贵州西部、四川南部、云南、越南以及国外大部分属于西部方言区。现世界通行的苗文是国际苗文，而不同方言区又使用相应的方言文字。在20世纪50年代，中国科学院少数民族语言调查队经过实地考察，对苗族语言的构成进行了划分，总体而言，苗语有三大方言、七个次方言和十八种土语。②岜沙苗族没有自己的文字，其文化和历史得以保存、流传主要依靠的是口头传播。岜沙的历史、族源以及风俗都保存于古歌中，爱情、生育文化等在情歌中有诸多体现，酒歌中传承的则是礼俗和交际，山歌中最常体现的就是劳作和自然等方面的信息。

在岜沙苗寨，大部分村民在自己的家里以及村寨里都会使用苗语，这反映出岜沙苗寨的村民个体在自己熟悉的生活环境中，能够较好地传承本民族的语言文化。当需要面对外来游客或是到县城等村寨之外的地域时，村民们基本上选择使用更易于与外界交流沟通的汉语。村民们选择使用汉语主要基于两个原因：一是随着汉文化教育的深入普及，村民们大多拥有了基本的汉语交流能力；二也是为了在陌生环境里更快更方便地融入其中。在对岜沙苗寨村民使用语言情况的调查中，我们看到，男性对于汉语的掌握能力明显高于女性，尤其是在35岁以上这个年龄段。村寨里很多35岁以上的女性基本无法用汉语进行交流，哪怕只是最简单最日常的对话也很难完成。我住的滚大哥家，滚大嫂今年38岁，和我同龄，如果滚大叔或是云凤和云飞不在家，我和大嫂之间大部分的沟通只能依靠肢体语言来辅助完成，如果要进行更深入的对话则相当困难。我尝试过好几次，想在我俩独处时对大嫂进行关于家庭生活以及女性角色扮演等内容的深度访谈，最后都因为没有翻译，无法进行而告终。通过走访我了解到，村寨里像滚大嫂这个年龄段的女性基本没有接受过学校教育，加之在她们学习语言的敏感时期，外来信息刺激基本为零，再者生活中她们与外界的接触的机会极少，于是造成了今天这个年龄段以上女性汉语交流能力的微弱。

余未人在《千年古风——岜沙苗寨纪事》中提到过：“一位八十高龄的老艺

① 李岩．传播与文化．杭州：浙江大学出版社，2010.
② 苗族的语言和文字．中国网，2009.02.10.

术家范禹告诉我（他是那首传唱至今而不衰的歌曲《远方的客人请你留下来》的词作者），他1959年曾经与两位同行从北京到贵州，经过艰难的徒步跋涉来到岜沙体验生活，在岜沙住了几天，终因语言无法沟通而怅然离开。这种独特的语言，也是让岜沙人的古俗一直传承至今的重要原因。”① 不过，对于岜沙苗寨而言，这样的局面正在被打破。原本封闭的岜沙苗寨正发生着变化以应对整体生活环境的改变以及外来信息的刺激。随着旅游业的发展，为了更好地与外界联络、接轨，村民们也开始更多地使用汉语，加之现代教育体系和大众传媒的共同作用，村民们日常使用的苗语有逐渐退守到家庭内部语言的趋势。无论是理论层面还是实际层面，现代教育体系都是最重要的文化传承之所在。在对新加坡华人社会的变迁进行探讨时，马来西亚汉学家Wolfgang Franke曾指出，正是以英文授课的教育体制导致了华人文化在新加坡的悲剧性流失。② 究其原因，会发现以学校为基础的现代教育体系是典型的一元化结构，它在传播语言、文字和知识方面有着巨大的影响。现代教育体系的努力，令语言以及附着在语言上的文化得以开枝散叶。当母语被弱化或是遭遇降格的处境时，不仅仅影响到使用者对待母语的心态，而且也会对使用者面对母语所作出的价值取舍造成影响。他者语言使用频率和规模的提升，必然导致母语掌握程度的下降。如果对于母语缺乏认同，随之出现的很可能就是文化的断层。而且对母语的陌生也将降低人们相关的文化知识及认同，最终受到损害的将是族群认同。反过来，族群认同的降低也将自然削弱文化的认同。霍尔“共享的概念图”认为，意义的产生需要一种可以共享的语言。③

在信息传播过程中，存在一个概念：“信噪比”。约瑟夫·A. 德维托在《人际传播教程》中对这个概念作过阐述，他认为：在这个概念里，“信号”指的是有用的信息，“噪音”则指无用的信息。所有的传播活动都有噪音，噪音是不能被完全消除的，但我们可以降低它的影响。他还对噪音类型作了四种分类，即物理噪音、生理噪音、心理噪音和语义噪音。④ 在此，我们可以看到，信息传递的

① 余未人. 千年古风——岜沙苗寨纪事. 石家庄：河北教育出版社，2003.

② 李元瑾. 新加坡华人社会的变迁：现代教育的文化反思. 豆瓣读书.

③ 李岩. 传播与文化. 杭州：浙江大学出版社，2010.

④ 约瑟夫·A. 德维托. 人际传播教程. 余瑞祥，汪潇，等，译. 北京：人民大学出版社，2011.

过程中，说话者和倾听者拥有不同的意义空间会给信息的传递带来严重干扰。对于习惯了使用自己语言系统的岜沙苗寨村民而言，普通话传递出来的信息必然受到折损，所以通过学校教育来推进汉语的普及和使用，在很大程度上能逐渐消除对于村寨下一代进行信息传递时可能存在的方言黑洞。

整个小学教育，最为突出的效果在于村里的苗族孩子们学会了普通话，这对于增强他们与外界的沟通能力是至关重要的一环，同时，这也将对整个村寨传统文化的现代建构产生潜在且持久的影响。今天，苗族的语言仍是村寨里最为重要的交流工具，但是，我们已经能看到越来越多的村民在日常生活中使用汉语词汇。通过日常走访和观察，村民们除了和村里人对话使用苗语外，其他很多时候也开始越来越习惯使用汉语进行交流。村寨里的年轻人不仅能较为熟练地掌握汉语，对于汉字的书写同样没有太大障碍。城市里年轻人最常使用的即时通讯软件QQ同样深得苗寨年轻人的喜爱，而使用QQ，必须有汉字拼音和汉字书写的基础。住在滚大哥家的那些日子，如果没有特定的采访和调查，我常常会倚靠在大叔家门口的柴垛旁写我的田野调查日记，云凤和村里的姑娘们也喜欢聚集在大哥家门口的小空地绣花、聊天。(见图4.4、图4.5)

图4.4 滚云凤和姑娘们在屋前绣花（摄于2013.3.7）

图 4.5　我在柴垛前写田野调查日记（摄于 2013.3.7）

每到这时，我总能听到姑娘们手机传来 QQ 新信息的提示音。这样的画面直到今天回想起来都还觉得特别有趣。在这个闭塞的苗寨，一群苗族姑娘，手里拿着绣花针灵巧地绣着花布，嘴里用我听不懂的苗语攀谈着，口袋里的手机上不时闪烁着传递信息的方块汉字，很奇妙的组合。

现代教育体系之于文化变迁的重要作用，在岜沙苗寨这个小社区极为凸显。苗语和汉语在岜沙苗寨的共同使用来源于这样的现实基础：苗语是民族传统文化传承的重要载体和容器，而汉语则在日常生活中具有更高的实用价值。双语使用的这一现实，苗语遭到弱化和牺牲也就在所难免。教育观念的改变，一方面使得村民们有了更多走出村落的资本和可能，但另一方面，也确实威胁到了苗族语言的传承。越来越多的少数民族村寨开始出现汉化的趋势，这其中教育体系的进入至关重要。岜沙苗寨也不例外，在教育政策和语言的共同影响下，村寨如今也有了汉化的端倪。2013 年 5 月和 10 月，在从江县城分别召开的全州苗学学术交流论谈会和全国侗学会学术交流论谈会上，从江县民族宗教事务局的一位干部在他的报告论文中提及：“当前，民族语言正面临消失，如果我们不加以保护，预计过 20 年后全县人民全部讲普通话，再过 50 年全县人民全部讲英语了。”苗语现在仍是邑沙苗寨村民日常使用的第一语言，但随着时间的演进和越来越多的年轻人接受学校教育并能熟练掌握汉语，未来不难想象在这个村落，苗族语言将会出现逐步降格为第二语言的可能。民族传统文化和价值观在此过程中将伴随着汉语的普及而流失，这对于民族传统文化的保护将会是严峻的考验。随之衍生出的问题是那些需要通过苗族语言进行的文化传承将何去何从？

布尔迪厄认为教育体系有三种主要功能：其一，它具有“保存、灌输和使一种文化遗产神圣化的功能”；其二，具有“外在的”再生产社会阶级关系的功能；其三，具有“合法化”功能。① 学校教育不仅为受教育者提供了技术性的知识和技能，也为他们的社会化过程提供了最主要的文化传统。这些“嵌入村庄的学校”已经成为了国家力量在村落中极其显著的代表。在中国的乡村，现代教育的发展推进了政府进行有效管理的空间。语言使用习惯的变迁则对整个村寨文化的传承和延续产生着影响。随着现代教育体系的确立和推行以及村民们日常语言模式的改变，虽然历经了漫长历史的村寨文化还未发生快速消解，但渐次展开的文化干扰和影响已经日趋明显。语言是文化的载体。邑沙苗寨村民们日常生活语言的变化正是文化深层次变迁的表象。

通过日常生活中隐性而漫长的灌输，村寨传统文化在孩子们身上打下烙印，并建立了根基；而现代的学校教育则依靠另一种方式和规则改变着文化传承的内容和形式，它对于村落的未来影响不容小觑。教育变革有力地塑造了汉文化的发展，但同时也给少数民族村寨的传统文化带来了危机。从长远看，在邑沙苗寨，汉语取代苗语，一场关于语言的危机其实已经悄然开始。家庭是传统文化以及道德伦理的摇篮。在这个村寨生活最小的组织机构中，苗语的使用，在一定意义上是用来保持村寨里生活的人们与传统文化和价值观之间或隐或现的联系。然而，当苗语的地位被弱化，家庭教育所能扮演的角色以及所能发挥的影响也就随之弱化。家庭使用语言的转变将会削弱家庭的文化传承功能及教育功能，如同滚大嫂这样的长辈，因为对汉语的陌生，也将会在给孩子们传递本民族传统文化和价值观的过程中面临危机，这种种危机又将进一步影响到村寨传统文化的现代建构过程。

---

① 吴飞. 火塘·教堂·电视：一个少数民族社区的社会传播网络研究. 北京：光明日报出版社，2008.

4.3 国家力量对民族村寨文化的消解

在中国，伴随着1949年以来的国家现代化进程，尤其是全面实施的乡村社会主义改造，少数民族村寨文化的断裂和消解就已经开始上演。在这个过程中，一方面，国家运用行政力量，通过组织传播的方式大力推进新文化、新制度以及新的生活方式在乡村的传播。另一方面对那些具有抽象性、符号性的民族村寨传统文化，尤其是民间歌舞进行征用，同时也鼓励村民们在这些文化形式中加入符合国家意识的现代内容，从而在一定程度上消解了民族村寨文化的原有内涵。凯瑟琳·米勒是美国组织传播学界公认的权威学者。米勒认为，研究组织传播必须注意到传播过程在促进组织和个人目标的协调活动上有何贡献。这样的研究同时也将我们的注意力导向结构与权力对传播的影响之上，及其如何在组织界限的内、外产生影响，并且突显出象征性所显示出的多重意涵，以及历史与各种组织因素对传播过程的影响。①

杜赞奇在《文化、权力与国家：1900—1942年的华北农村》中提出了“权力的文化网络”（culture nexus of power）概念，其目的是要说明国家政权与乡村社会之间的互动关系。杜赞奇把它定义为：“由乡村社会中多种组织体系以及塑造权力运作的各种规范构成，它包括在宗族、市场等方面形成的等级组织或巢状组织类型。”这个网络的由来是因为存在着多种关系、组织和规范，且它们彼此之间密切交叉，为了获得公共领域的认可，人们围绕着这个网络生存。②

按照詹姆斯·凯瑞的说法，传播是指在时间上对一个社会的维系，是共享信仰的表征，其目的是建构并维系一个有秩序、有意义、能够用来支配和容纳人类行为的文化世界。在传统社会的自然经济状态下，村寨是一个相对闭塞的政治单位，也是一个自给自足的经济实体，但这并不意味着村寨与外部世界处于隔绝的状态。在岜沙苗寨，国家权力组织即国家政权建立的党政组织，包括村委会和村党支部是村落组织传播最为重要的代表。对于组织成员而言，组织具有相当大的

① 凯瑟琳·米勒．组织传播．台北：台湾五南图书出版有限公司，1998.

② 杜赞奇．文化、权力与国家——1900—1942年的华北农村．王福明，译．南京：江苏人民出版社，2003.

约束力，而凭借组织系统进行的传播活动，本身就具有强制力。来自国家政权建立的村寨党政组织，它们传播的信息大多具有指令性、训导性和劝服性。岜沙村民委员会是村民自我管理和自我服务的基层群众性自治组织，也是这个行政村信息传播最为主要的渠道之一。村寨内部，关于村内的重大事务或是上级政府部门的重要信息传达基本上是通过召开村民会议或党员会议的方式进行。随着经济和通讯的发展，手机的使用也成为了信息上传下达的重要工具，村委会的相关信息常常会通过手机的方式传达给各个村民小组长，然后再由小组长把信息传达到村民。和其他村寨一样，岜沙苗寨的村委会和基层党组织承担起了国家政策法规以及村落管理等层面信息沟通的职能。作为一种自上而下且具有调控作用的系统，组织传播带给苗寨的影响是强大且深远的。

20 世纪后半期以来，似乎没有哪个村落不经过国家的社会主义文化实践所洗礼的。文化形式包含着价值观念和政治代码的形式，而价值观念和政治代码其实是意识形态以及权力关系的体现。对于岜沙苗寨而言，每年热闹的传统节日原先是基于祀神、祭祖或族群团结等为目的，现如今，在县政府的统一规划中，这些节日承载了太多泛政治和商业的因素。为了完成从“资源”到“资本”的转换，政府和旅游部门花费大力气做好各项工作，所谓“文化搭台，经济唱戏”，经济成为了最终的主角。从县政府频频被刷新的旅游收入数据到本地餐饮、旅馆以及交通空前繁荣的现实情形，我们都可以看到来自国家权力的引导性建构既实现了经济上的创收，又不断改变着村寨原有的习俗以及文化传统。

魏永征认为组织传播是指某个组织凭借组织和系统的力量所进行的有领导、有秩序、有目的的信息传播活动。任何组织都是与信息传播同步生成的，组织的目标、系统、规范的形成和运作都离不开传播，而组织传播活动又必须凭借组织的系统才能进行。① 权力的“二维论”指的是权力的力量层面和关系层面，这是当代政治学界对权力的两种定位。巴克利认为，权力在最抽象的层次上是一种对接受者代表着非利己活动的信息流。也就是说，权力主体通过信息的传播，在认知、情感、态度和行为各个方面对接受者施加影响，并以此达到权力主体意图所指的信息活动。由此可见，权力存在隐蔽运行的现实。话语是主体表达自身思想、情感和态度的主要方式，它总是代表着一种权力，这就是福柯称为的话语

① 魏永征．关于组织传播．新闻大学，1997（3）．

权。话语权的获得折射和反映言说者的社会权力和地位。在国家力量介入村寨日常生活管理后，村寨里最具话语权的群体正慢慢从以前德高望重的巫师、寨老转化成了推举出来的村长、村支书等现实职能部门的村官们。

吴飞在总结组织传播网络的功能时指出：一是凝聚功能，同一社会组织的成员，由于具有共同的生活方式、思维方式、行为规范、伦理道德和价值观念，因而具有凝聚力，并作为一种集体的潜在意识在各种场合表现出来；二是控制功能，组织的建构者通过制订各类规章制度，控制人们的行为活动；三是认同功能，在一个组织情境中，传播是意义得以形成并随着时间而沉淀积累的过程。① 在对岜沙苗寨的田野考察中，我们确实可以较为深切地感受到来自组织传播的这三项功能。从产生凝聚作用到形成控制局面再到最终完成社会认同，组织传播让我们看到的不再只是简单的信息的传递和承载，而是更多地拥有了导致民族村寨传统文化断裂和消解的作用。

传播——作为社会构成的一种形式——促成意义的形成，而后者随着时间变成习惯化以后就提供了共同体验的基础，这一共同体验给了组织成员的组织形成行为一个情境。因此传播并不简单的是信息的载体，它正是组织形成的概念借以获得交感意义的过程。因而组织形成在组织成员之间的传播行动中一而再、再而三地发生着。

国家在积极推行以建构中华民族大团结的社会主义国家框架为目的的民族文化政策的同时，也在持续不断地通过各种新的文化政策和举措，向民族村寨社会大量输入以现代教育为主要内容的科学文化知识。② 对少数民族地区实行特殊的民族文化政策，是国家在对民族村寨进行社会主义改造的初期采取的过渡性、调适性策略。在国家实现了对乡村社会资源的全面掌握后，这些暂时性的地方民族政策就被高度一体化的乡村现代化建设规划所取代。

岜沙苗寨，在国家组织力量的渗透下，虽在发生变化，但总体而言，这样的变化还不算太过显著和迅猛。究其原因，主要得益于村落相对自给自足的物质环境和相对自成体系的文化系统。现存的乡村行政区域划分虽然历经了各种变更，

① 吴飞．火塘·教堂·电视：一个少数民族社区的社会传播网络研究．北京：光明日报出版社，2008.

② 肖青．民族村寨文化的现代建构：一个彝族村寨的个案研究．昆明：云南大学出版社，2009.

血缘和地域的界限也被人为打破，但村落间固有的传统联系并没有因此削弱。对于岜沙苗寨的民族仪式而言，这些年有一定程度的复兴，缘于国家和政府部门对保护少数民族传统文化的重视。同时，民间作为“他者”也并非总是被动地接受来自民族—国家总体性的叙事，也是会以抵抗的、否定的姿态表达自己对历史的理解。

5 大众传播："媒介化社会"影响下的民族村寨文化变迁

成伯清指出："现代性的确立与全球化的进程，在形式上都可以看作一种局部不断卷入整体的过程"。① 在现代化的浪潮席卷全球的当下，处于第三世界的发展中国家也不同程度地卷入了全球化的进程中，由此带来的一个显著问题是随着外来异质文化的逐渐介入，这些发展中国家的少数民族文化也遭遇了从未有过的冲击。

从历史的范畴或是现实的语境看，大众传播媒介对社会变迁、国家发展，尤其是对欠发达地区社会、文化层面的影响和功能，都是一个备受关注的理论和实践命题，国内诸多学者也都对此进行过相关研究。在我国的乡村，电视是普及率最高、影响最大的媒介，所以在探讨有关影响乡村文化变迁的研究中，以电视为代表的大众传播媒介一直是各界关注的焦点。马戎在《民族社会学》中指出："在广播、报纸和电视迅速普及的时代，大众传媒对精英分子和民众族群意识和族群关系变化的影响的作用不可低估。"② 当下，随着现代化进程不断逼进，中国的乡村社会正处于快速发展的阶段，这迫使乡村文化所面临的各类环境都在发生着巨大变迁。那些习惯了日出而作、日落而息的村民们，曾经以为一辈子都只会与土地维系在一起，但当外来的信息和刺激不断涌入原本平静的生活后，他们不得不面对外部世界新的生活方式以及新的文化。

清华大学孙立平教授认为我国一直以来的城乡二元结构在社会转型期表现出一种"结构断裂"与"权力失衡"。他创造性地用"断裂"与"失衡"来研究

① 成伯清．全球化与现代性的关系之辨——从卡地方性的角度看．浙江学刊，2005(2).

② 马戎．民族社会学：社会学的族群关系研究．北京：北京大学出版社，2004.

中国社会转型与结构变迁。分析大众传媒在少数民族村寨文化现代建构中所面临的问题时，同样可以借用孙老师的总结，即传播内容的断裂及媒介生态的失衡。首先，大众传播与村民的信息接受之间呈现出单向流动、传播内容与需求脱轨的现实状况，这也是大众传播在少数民族村寨文化现代建构中的功能性困境。在当下少数民族村寨的媒介生态格局中，电视居于村民日常生活的绝对垄断位置，电视屏幕上演绎的都市生活场景在日复一日与点滴间悄然影响着村寨里的人们，而且这样的影响正随着时间的推移持续扩大。

大众传播媒介是生活在村落中的人们用以联结自我与外部世界的关键通道。当乡村电视接收的硬件设施大为改善后，人们收视的偏好在很大程度上折射出观念的改变，现代传媒所制造的大众文化已经向村落的标准化价值提出了直接挑战，并以不同的形式表现出来。媒介文化正在改变着村落日常生活中我们曾经最为熟悉和最具个人色彩的领域。如果没有电视，我们很难去解释今天的岜沙苗寨以及苗寨里生活的人们在日常生活以及精神层面所呈现出来的新变化。

5.1　乡村社会记忆的退守与边缘化

人类学视野中的记忆包括个人记忆和社会或集体记忆。记忆有一个最为基本的功能就是进行区分和认同。个人记忆帮助我们区分出“他人”与“我”，社会或集体记忆则让我们明了“他们”和“我们”的差异。“社会或集体记忆”也被称作“文化记忆”“地方记忆”或“公共记忆”等，它始终与一个社会群体的历史、习俗、根源及传统等各个方面紧密结合在一起。社会记忆作为一种广泛和深远意义的社会现象，它无论是对个人还是政治家，抑或是学术研究都具有巨大的价值。① 在一个人社会化的过程中，族群的社会记忆便是其行为的规范，是促使他沿着祖辈的“足迹”走自己人生的最大助推力和指引。

哈布瓦赫最早使用“集体记忆”这个概念来讨论社会框架以及记忆与特定社群的关系。一个群体的观念、价值、信仰蕴含于各种符号和工艺品中。这些符

① 彭兆荣．无边界记忆——广西恭城平地瑶“盘玉婆”祭仪变形．广西民族研究，2005（4）．

号可以是图片式的，也可以是语言文字的一部分。① 农耕文明有着几千年的历史，我们的历史也是从农耕文明发展而来的。但是工业文明、城市化进程以及"建设性破坏"，都在让农耕文明走向消逝，伴随着民族村寨整体生态的持续恶化，那些凭借其传承和延续的文化也将在我们眼前渐趋消失。

传统村落承载着村民们生产生活的点点滴滴，但这些代表着农耕文明精粹的村落现状堪忧。湖南大学中国村落文化中心调查了我国 17 个省、902 个乡镇、9700 多个村庄，2004 年的调查数据显示传统村落的总数为 9707 个，到了 2010 年这个数字已经下降到 5709 个，平均每年递减 7.3%，每天消亡的传统村落为 1.6 个。② 今天传统的东西正逐渐减弱它对于村民日常生活以及村寨文化的影响。村寨传统的道德秩序以及规则也正在被打破。人们越来越参照外界，也越来越被外界吸引，当下正在邑沙苗寨发生的这一切表明传统意义上的村寨文化正在发生着变化。随着村民们心理边界的扩展，邑沙村寨的空间边界也必然出现模糊。造成这一现象的原因之一是大众传媒所制造的大众文化对村寨文化认同的冲击。"电视所表现的城市化的媒介文化极易在中国当代广大农村中流行，现代文化观念向农村大举渗透，青年一代已不再全面认同传统生活方式和文化观念，挟带着巨大经济利益的都市文化，在农村找到了越来越多的接受者"。③ 大众传媒在铺就民族村寨文化发展之路，但希望这样的铺就不要异化传统文化，无论是形态上的，还是深层结构的。

费孝通指出：传统是社会所累积的经验。文化本来就是传统，不论哪一个社会，绝不会没有传统。衣食住行种种最基本的事务，我们并不要事事费心思，那是因为我们托祖宗之福，一一有着可以遵守的成法。但是在乡土社会中，传统的重要性比现代社会更甚，那是因为在乡土社会里传统的效力更大。④ 文化是人类的根本，保护文化就是保护人类发展的根本。对于少数民族村寨而言，借由大众传播带来的信息一方面给传统文化的发展带来了可能的空间和生机，另一方面不

---

① 戴维·英格利斯．文化与日常生活．张秋月，周雷亚，译．北京：中央编译社，2009.

② 王小明．传统村落价值认定与整体性保护的实践和思考．西南民族大学学报，2013(2).

③ 单世联．现代性与文化工业．广州：广东教育出版社，2001.

④ 费孝通．乡土中国．北京：人民出版社，2008.

可否认地也造成了巨大的影响和冲击。吴予敏曾提出过，在我国当前的农村社会，传统的人际传播除了满足人们的情感和安全需求之外，已经不能提供关于未来生活的想象；大众传播媒介毫无疑问提升了人们的生活期望值，且进一步改变了其价值观念和行为模式。① 大众传媒作为一种强势力量，正日益介入民族村寨的经济、文化发展，由此引发的是乡村社会记忆的退守和逐渐边缘化。

阿斯特莉特·埃尔在《文化中的记忆》一书中对"媒介与记忆"进行了专章讨论。在她看来，"若无媒介在个体和集体这两个层面所扮演的角色，文化记忆根本无可想象"。埃尔所说的媒介外延异常宽泛，从母子之间的谈话、家庭中的交流、口头与文学传统，到摄影、印刷、广播电视以及互联网等大众媒介，再到纪念碑等承载象征意义的纪念实体，都包含其中。② 与传统乡土社会时期的其他民族村寨相似，没有文字记载并未妨碍岜沙人对村寨历史的记忆和表述，他们在共同的日常生活中，用口耳相传、世代讲述的方式，延续和传承着对于村寨历史的集体记忆和地方性阐释。

苗族是一个能歌善舞的民族，岜沙苗寨也不例外。每逢盛大节日，苗寨里的人们都会边唱边跳，一路歌舞。对唱苗歌往往都是即兴的，既有两人之间的对唱，也有多人之间的互动，它是村民在日常生活中表达情感以及娱乐的一种最为通常的方式，同时也是族群和地方性文化重要的传袭机制。在岜沙，村民们都特别推崇歌师，日常生活也离不开歌师。歌师不仅有一副好嗓子，更重要的是他们都会"见子打子"，也就是即兴编歌。厉害的歌师能和众人对唱一天一夜。歌师教歌，从来没有任何功利的目的，他们把这看作天经地义的事。也正是因为这样，古老的岜沙苗歌至今还在一代代口头传承着。但是这些年来，那些自祖先就开始传唱下来的苗族歌谣越来越少人知道和唱起，村寨里还能完整跳完本民族舞蹈的人也已经越来越少。在对岜沙苗寨的歌师滚水的访谈中，我能真切感受到他对古老歌谣传唱后继无人的深深担忧。在和岜沙苗寨大学生滚吉两的几次深聊中，我也能听出他对于同样问题的惆怅。他说以前岜沙小学曾经有一段时间给村寨里的孩子们开过教唱苗族歌谣的课程，大多是寨子里的歌师利用晚上的时间在

① 吴予敏．现代传播与西部发展．读书，2002.

② 李红涛．导论：文化记忆研究的中国视野．//李红涛，黄顺铭．记忆的纹理——媒介、创伤与南京大屠杀．北京：中国人民大学出版社，2017.

小学的教室里免费教学，但是去学唱歌的孩子一天比一天少，最后都没有人可教了。我问起吉两缘由，他告诉我，孩子们白天在学校上课已经觉得很累，再加上夜晚的时间对于村寨里的孩子而言有着各种各样好玩的去处，看电视、捉泥鳅、串门等，没有人再愿意回到教室里学唱歌。他们的讲述让我也思考良久。老祖先们一代代在教唱这些歌谣时，大概更多是在家里的火塘边或是田间地头，随意且自然地传授给晚辈。今天看似最有益于传递现代知识的课堂，或许对于这些久远年代中延续下来的文化并非最佳的传承环境和渠道。如同历史与现实总有差异，村寨传统文化的师承或许同样有别于今天现代性知识和信息的传播。

田野考察期间，我参加过两次婚礼，各种习俗和场景都大同小异。2013 年 3 月，我被邀请参加副村长滚丢相大叔家儿子的婚礼。寒冷的初春之夜，新郎家的火塘边围坐着老老少少众多的亲戚朋友，大家唱歌喝酒，一直玩到深夜两三点。围坐在一起的既有人到中年的大叔大婶，也有年纪轻轻的姑娘小伙儿，明显地可以看到年龄差异带来的不同。大叔大婶们都会唱苗歌，你唱一句我对一句，你来我往，很是热闹。年轻人虽也跟着起哄打闹，但很显然他们能听懂长辈们唱的意思，却很难有人可以像长辈们那样娴熟自如地对唱苗歌。婚礼现场坐在我旁边的大哥告诉我，以前在婚礼上，对歌喝酒最热闹，大人小孩里三层外三层围着对歌者，唱歌的，整夜整夜地唱着；听歌的，也就通宵达旦地听着。对于没有文字的岜沙苗族村民，那些有关苗族祖先的迁徙历史、生活方式以及情感表达都揉进了苗歌的歌词里，这里有着这个族群最原生态也最久远的集体记忆。唱苗歌，作为苗族文化在民间传承的重要方式，一直以来都是村寨文化中最具感染力和表现力的部分。但是今天，面对越来越多样的娱乐形式以及越来越丰富的文化生活，再难见到曾经被大伙儿围得水泄不通的对歌场景。

服饰的变化也从一个侧面反映着村寨社会记忆的退守和边缘化。岜沙苗族男女服饰装束都极具特色，无论是男人的发髻、短衫、青亮布直筒裤，还是女人的蜡染绣花围腰、百褶裙和银饰，都一直是岜沙苗寨最为独特的风景。余秋雨在岜沙采风时，曾这样描述他看到的岜沙男人："当他们走起路来，个个像秦始皇的兵马俑一样。"。村民的服饰装束曾经是最能代表岜沙苗寨的外显符号，但时至今日，来到岜沙苗寨，我们看到越来越多的村民，尤其是孩子和年轻人已经穿上了汉族的服饰。2012 年底我第一次在岜沙苗寨做田野调查，那时候的村寨，基本很难看到穿现代服饰的村民。整个村落也因为这满眼的独特服饰更有了远古的韵味。但随着时间的推移，这些年每次去岜沙苗寨做调查，都能直观感觉到村民服饰的变化，村寨里来往的村民中穿着现代服饰的人越来越多。这样的事情要是发生以前可是大逆不道且不可思议的事。在余未人的《千年古风——岜沙苗寨纪事》中有这样的记录：

> 今年三十五岁的吴想是个爱赶时髦的男人。他在1985年曾经花了相当于当时几个月现金收入的三十元钱，到从江街头买了一套军装回来穿。这军装引来了寨上多少疑惑不解的惊异恐惧的目光，似乎他这改装是丢了魂、走了神。他却早已成竹在胸，对这些都不在乎自我感觉良好。他穿回家去，父亲吴礼故见了大惊，破口大骂这背叛了祖宗的“客家（汉族）衣”。父亲怒不可遏以致挥起拳头揍了他。“客家衣”最终被父亲从他身上剥下来投进火塘里烧了。那一缕青烟让父亲被刺伤的心稍稍得到些慰藉。过了不久，父亲吴礼故因患眼疾，瞎了。吴想总觉于心不甘，逆反之心促使他一点点攒钱，攒够了又悄悄去买回一件来穿。父亲看不见了，也没人敢对他戳穿这事。吴想的“客家衣”一穿就是十来年。直到两三年前，吴礼故才得知儿子穿的是“客家衣”，他心中的失落和无奈只能化做久久的缄默。吴想说，这时候父亲年近八十双眼不见亮，也无法了，只有让我穿“客家衣”了。

苗绣苗银专家钟涛曾这样评述岜沙苗寨的服饰，“纵观岜沙苗族，她们以蜡染、挑花、织锦装饰全家。且其装饰的精美所反映的经济水平，大大高于整体各个方面的生活现状。特别是节日集会时的盛装，五彩缤纷，灿烂夺目，与吃住之简陋，形成鲜明、强烈的反差。很难想象，在这样奇丽的服饰背后，许多人家竟床铺被盖不齐全，食品常年以酸菜为主。织绣染装饰在苗族社会中能占有如此重要的地位，千百年来得以经久不衰的繁荣和发展，与妇女自身价值的体现有很大的关系。”① 对于深居大山的岜沙苗族妇女而言，简单朴素的生活中，终日为一家人的穿衣忙碌早已成为了最为重要的日常。日复一日为全家人的衣物忙碌对于她们而言是一件心安的事情。但是现在，苗寨里的年轻人特别是男孩子穿“客家

① 张广渊．中国传统村落——岜沙（二）：贵州省从江县岜沙苗族研究文集．2016.

衣"的越来越多，年长者也大多不再干涉。节日里村民们会穿着传统服饰参加集体活动，日常生活中更多的村民会选择方便轻巧的"客家衣"。这些穿在村民们身上的客家衣只有很少一部分是自己花钱买的，大部分都是各地扶贫捐赠的，尤其是岜沙小学里孩子们穿着的衣物基本都来源于此。2017 年 3 月最后一次去岜沙苗寨做田野调查，在岜沙小学采访贾拉老师时，我看到的学生都改穿了现代服饰，已经没有穿着民族服饰的学生了。回想之前几次来岜沙，小学里或多或少还是能看到穿着民族服饰的学生。从有到无，这样的改变仅仅发生在最近的这几年。传统服饰的退守和被边缘化的可能，都让人心生感慨。我也常想，学校或许就是一个缩影，未来的村寨里，是否也将上演学校里发生的这些改变？再过些年月，如果岜沙苗寨里穿梭的村民们都已不再是今天的模样，那么改变的又何止是外显的服饰。岜沙人仿古崇古的思想观念将何去何从？内隐的来自精神层面的改变才是最为核心和关键的。

除了服饰的改变，穿鞋这件日常小事同样也在发生着变化。曾经的岜沙人，常年光脚板走路，后来终年都穿草鞋，苗寨里家家户户也都有打草鞋的木架子。如果穿胶鞋都会被老人们骂，你们太懒了，连草鞋都不会打了。老人们告诉我，以前村寨里的路全是泥巴牛屎小草路，冬天走路不冷脚，热天走路不烫脚，大家习惯了光脚板走路。后来政府到这里搞旅游点，全部变成了水泥路，热天走路烫脚，冬天走路冷脚，没有办法了才穿胶鞋。今天，草鞋已经没有人穿了，但是打草鞋的木架子在大多数人家依旧保留着。随着岁月流逝，古风渐息。用与不用或许已经不再重要，关键是老祖宗传下来的东西要留着才心安。

吊脚楼是苗族村寨的典型标志。苗族吊脚楼建造技艺被列入了 2006 年公布的首批国家级非物质文化遗产代表作名录。苗家人喜山，侗家人喜水。大山盛产木材，对于居住在山里的苗族人，因地制宜，就地取材，于是成就了独具特色的吊脚楼。吊脚楼的建造技艺，是苗族先民辗转迁徙到贵州以后，配合新的居住环境逐步完善起来的一整套建筑样式。历史的演进，到了今天，吊脚楼已经成为了贵州苗族风俗文化的重要载体。2017 年 3 月，我再次来到岜沙苗寨做短期田野调查，熟悉的村落里基本没有太大变化。在等待采访岜沙小学贾拉老师回村的间隙，滚吉两陪着我绕着新寨吊脚楼的外围走了一圈。前一天才在岜沙苗寨所属的丙妹镇了解到最新的住户信息，今年寨子里新增了四户人家。没想到第二天就在这次漫无目的地闲逛中看到了其中新增的三户人家。他们都在新寨的最低处也就是老吊脚楼密集的房屋边上利用自家的菜地修起了新房。我们路过时一户人家的新房已经修好，刚入住不久。旁边是新房总体框架已经完成的另一家新增户，第三家的房屋则还处于打地基的阶段。(见图 5.1)

图 5.1 在建的岜沙苗寨民居（2017.3.3）

这屹立在斜坡陡坎上的木楼框架可以让我们看到苗家修建房屋时的工艺。整个屋子主体框架结构的搭建没有使用一颗钉子，所有柱子、屋梁、穿枋等有无数个榫眼，凭借墨斗和斧凿锯刨便能梁梁相扣、柱柱相连、枋枋相接。这一扣一连一接，淋漓尽致地展现了苗族先民们的无穷的智慧。在这个吊脚楼的旁边是已经入住的新增户。崭新的木材颜色昭示着这栋吊脚楼的年轻，而三楼明晃晃的落地窗则在阳光的映衬下显示出它的现代和与众不同。(见图 5.2)

新增户房屋与传统吊脚楼如此巨大的差异让我惊讶。时间倒回 2013 年我在岜沙的第二次田野调查。那次的田野调查期间，我也经历了一次新房的建造。依旧是熟悉的老式吊脚楼，即便因新木材的颜色让新房与周围老屋有了差异，但无论如何不会让人产生太多关于现代的联想。这次则不同，透过这阳光照耀下一整面崭新的落地窗，映入眼帘的似乎有太多来自这个时代、这个环境光合作用下衍

图 5.2 刚刚建成的岜沙苗寨新民居（2017. 3. 3）

生出来的新事物、新变化。数千年的历史进程中，这个居于月亮山麓的岜沙苗寨，一直在祖先开垦的这块土地上过着与外界鲜有交往的部落生活。在这个被称为“文化孤岛”的村落里他们坚守着祖先传下来的法则，特立独行地生活至今。究竟是怎样的信息介入才会演变出今天眼前这座镶嵌上现代元素的新的吊脚楼？而这些新元素的镶嵌和出现是否预示着一个变化加剧的时代的到来和开始？

著名魔幻现实主义作家加西亚·马尔克斯曾经说过，“生命的真谛不是你活过多少，而是你记得多少，又如何记得并将之讲述出来”。记忆不仅处在个体生命体验的核心，也是传统得以传承、社群认同得以建立的重要机制。① 民族和族群的历史其实也可以被看作一种确定族群范围的认同和集体记忆。社会记忆并不是一成不变的封存物，它同样面临着选择、保留和传播。那些能被社会进程所选择和保留下来的无疑是幸运的，是“人类主观因素和文化漂移视角的选择对象”。任何民族或族群的历史其实是同一个人群共同体根据他们所处特定情境的

① 李红涛．导论：文化记忆研究的中国视野．//李红涛，黄顺铭．记忆的纹理——媒介、创伤与南京大屠杀．北京：中国人民大学出版社，2017.

利益需要，到他们所具有的“历史积淀”当中去策略性地选择“记忆”和“讲述”某些事情和事件。这样，历史叙事与族群记忆便逻辑性地同构出了一个相关的、外延重叠的部分。① 有关邕沙苗寨的社会记忆，同样也处于变化之中。未来，村寨和村民们将与外界产生更多、更直接的接触以及各种因素的互惠互利，这些大环境的改变都将不断地刺激和影响着有关村寨以及传统文化记忆内容的选择与重构。

5.2 电视“嵌入”乡村日常生活

在一定意义上，每个人的日常生活对于其个人而言都是独特的，这些“日常社生活”往往受到人们所处社会地位的影响，同时也受到人们身处其中的文化情境的形塑。不同的社会对于何为“日常生活”有着不同的观点。安东尼·吉登斯认为：“我们所处的日常生活，其中的绝大部分我们都不能给出任何解释。我们就是这么穿着打扮，就是这么到处走动的（还有其他数不清的日常活动）……这些活动是未被解释的社会行动组织结构的一部分。很难说我们为什么要做这些事情，我们只能说，它们就在那，我们做了而已。”日常生活所能包含的内容和信息远超我们所能想象到的意义，它可以用翔实的细节为我们展现一个社区或是族群最为本质的文化内核。正如齐美尔指出，“即便是最为普通、不起眼的生活形态”，也是对更为普遍的社会和文化秩序的表达。② 对一个社区和族群的深入探究，必须超越日常生活仅仅只是微不足道的行为集合的认知，应该在更为广阔的社会结构和传播网络中去感知和洞察日常生活是如何被塑造的。这其中必然涉及更深层次和更隐含层面的内容。

人们的行为往往取决于不同的观念和态度，即人们长期生活于其中的社会以及滋养他们成长的特定社会群体所形成的文化。一个社区或族群如何去思考和对待某一件事，最终是由这个群体的文化，而非本能的作用决定的。如格尔茨所说，在对异文化进行描述时公正地理解“他们在做什么”，或者说如何去掉自身

① 彭兆荣．无边界记忆——广西恭城平地瑶“盘王婆”祭仪变形．广西民族研究，2005（4）．

② 戴维·英格利斯．文化与日常生活．张秋月，周雷亚，译．北京：中央编译出版社，2009．

"现代"的潜意识去客观、公正地描述对象是极难的。做田野调查期间，我也一直在思考，面对民族村寨文化时，该站在怎样的一个文化立场去看待眼前的这些图景？又该如何更真切地去理解和感受这种文化的细节？

作为现代生活的"表征"，电视从20世纪80年代末开始进入中国的乡村，到20世纪90年代末逐渐普及开来，它在社会的现代化进程中进入村寨，并且也一步步改变着村寨生活。在复杂的现代社会中，每个人生活于其中的文化情境都是多元的并且是交叉重叠的。家庭是电视施展魔力的重要场所，故而电视也成为了家庭日常生活的一个重要组成部分。随着电视逐渐普及到与世隔绝的乡村社区，这一最具代表性的大众传播媒介开始占据村民日常生活中非常重要的一部分时间，由此带来的悄无声息地文化植入也因此展开。

在岜沙苗寨，"看电视"已经成为了村民们日常生活方式不可分割的一个组成部分。电视媒介的发展，从政策扶持到技术更新，各个方面所具有的条件都非常充裕，如此优越的条件让电视在农村的媒介生态竞争中拥有了最为强劲的优势且占据了最为显赫的位置。今天，村民们日常可供选择的电视节目频道越来越多。不过，村民们经常收看的并非新闻资讯类节目，电视剧以及娱乐节目成为了村民们在接触电视时的首选。岜沙苗寨的电视普及率已经达到96%，与其他大众媒介相比占有绝对的优势，成为村寨里首屈一指的最重要的大众传播媒介。报纸，作为以文字为信息传达手段的印刷媒介，它的普及与接触人群的教育程度以及文化水平有着密切的关联性。正因为如此，岜沙村民在电视普及之前对于报纸并没有经常性的接触，这其中最为重要的原因是村民整体的识字水平较低。同时，受教育程度也势必影响到村民们对电视节目的选择偏好。

从统计数据看，岜沙苗寨村民看电视的主要目的是娱乐消遣和获取信息、知识，两者相加占总调查人数的88%。由此我们可以了解到电视对于岜沙苗寨的村民而言，最主要功能还是填充人们的业余生活，满足大家的精神需求。村落社会的属性以及村寨现实信息环境的改变都在一定程度上影响着村民对电视节目的选择偏好。在村落自身的文化活动日渐衰落的大环境里，村民们文化消费需求逐渐从现实生活转移到了电视屏幕，这也是村民日常生活对电视的依赖不断强化的一个重要原因。(见图5.3)

电视的植入对村寨文化的内核以及传统文化传承的现实场景都产生了极大的

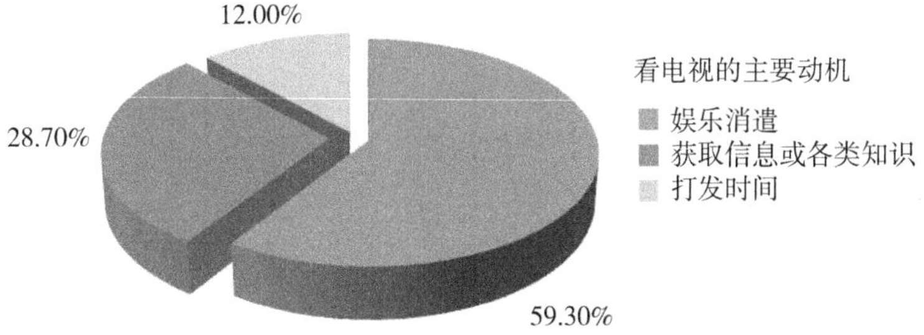

图 5.3　岜沙村民看电视主要动机分布图（N=72）

影响。电视在引导村民生活方式的变迁过程中扮演着重要的角色，一方面它是人们信息获取的重要来源，另一方面它也凭借着自己特有的方式改变着人们的价值观念。

我对岜沙苗寨村民的日常电视接触时间做过抽样调查。在我所收集的样本中，平均每天看电视的时间为 1~3 小时的占 60.7%，这说明村民中每天接触电视 1~3 小时的人数最为庞大，这个数据远远高于其他时长的人数，而每天接触电视超过 6 小时的村民最少。在最为庞大的这部分村民中，接触电视的主要原因是娱乐消遣和获取信息，而最少的那部分村民看电视的主要原因则是打发和消磨时间。对于习惯了日出而作、日落而息的村民，在电视这一新兴媒介进入村寨之前，劳作是大家生活的重心。除去田间地头的劳动，大家可以自由支配的闲暇娱乐时间相对少得多。农闲时，走亲串邻、闲聊家常或是喝酒打牌是村民们打发时间最主要的方式。当电视走进村寨大多数家庭的日常生活后，曾经闲暇时间的各种消遣开始慢慢让位于这位家庭“新成员”。人往往是通过各种社会交往和社会关系来确认自我的位置和存在。以往闲暇时间里的走亲串邻以及喝酒闲聊给村寨里生活的人们提供了最为直接的人际交往，在这些面对面的直接交往中人们能获得的情感互动是单纯观看电视难以企及的。(见图 5.4)

电视对村民们日常生活的介入还可以从谈话的主题切入进行分析。在电视还未进入村寨之前，人们日常谈话的主题往往是本村的人和事以及农事活动。当每晚的电视剧成为村民们都共同观看的节目后，大家谈论的话题里就多了关于头一天剧情的热议和讨论。我在岜沙苗寨做田野调查时，住在滚大哥家里，每天清晨，大哥家的女儿与和她同龄的年轻女孩子们都会聚在大哥家的屋前空地，晒着

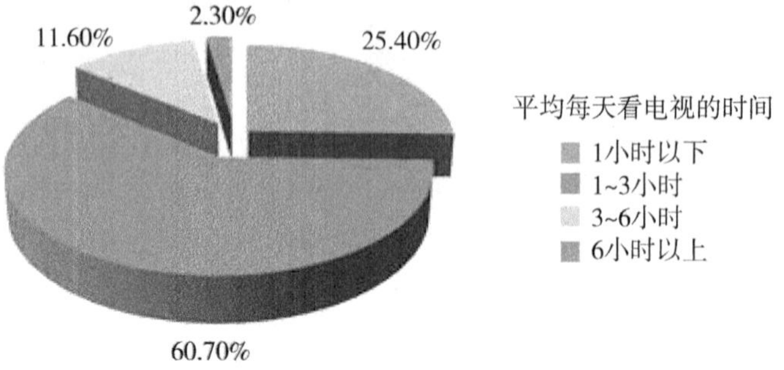

图 5.4 岜沙村民平均每天看电视时间分布图（N=72）

太阳，手里绣着出嫁时要穿的新衣，嘴里聊的都是关于昨晚电视剧的情节。在岜沙，村民的媒介接触行为和水平由于受到经济条件、文化教育水平等因素的影响和制约，他们的媒介使用习惯呈现出明显单一化的态势。

随着大众传媒进入乡村生活，电视这种浅显易懂且声情并茂的娱乐工具开始得到了大家共同的喜爱。电视为男女老少勾勒了一个比现实生活更具诱惑力的图景。对于劳作了一天辛苦的人们，电视屏幕里丰富多彩的节目内容自然给了大家身心的愉悦和放松。傍晚来临，吃过晚饭，一家老小聚精会神看节目成为了村寨里家庭生活最为常规的模式。邻里亲友间仍有各种侃天说地，孩子们也还会在田埂上、寨子里打闹，但相较电视在村子里普及之前，大家待在家里的时间和意愿显然是要强很多。一家人围坐电视机前看节目成为了村民们新的娱乐休闲方式，越来越多的人愿意待在家里看电视而不是像过去那样串门去。在电视普及之前的岜沙苗寨，祖辈们大多在火塘边给晚辈讲述关于祖先以及村寨的各种故事和传说，这些由传统经验累积而成的村寨记忆成为了村寨社会生活运转的轴心，在很长的时间里维持着村寨社会结构的存续和运转。时至今日，一家人围着火塘说历史的情形已经很少见到了。今天的火塘，依旧是每个家庭最为重要的日常生活中心，但除了做饭和吃饭这两项重要功能外，长辈和晚辈围塘而坐，眼睛和心思则全神贯注于那个小小的电视屏幕，节目里表演者的喜怒哀乐成为了大家的关注焦点，对于村寨的历史、传说以及各类规范则很少被提及。年轻人似乎并不太关心那些口耳相传下来的故事，他们更乐于去看电视或喝酒打牌。通过访谈，笔者发现，以前的孩子们最爱围坐在火塘旁听长辈们聊天，而这样的情形在今天已经变得少见。孩子们或是年轻人在有了电视后，开始觉得跟长辈们东扯西聊越来越没意思了。看电视这样的娱乐方式在改变村寨生活的同时，也对村寨文化的“传统性”因素构成了一定的威胁。

娱乐节目是现代媒介所制造的大众文化的一种形态，它正在给民族村寨的传统风俗习惯带来渐趋显著的影响，其中最为明显的表现就是少数民族村寨集体娱乐活动的式微和节日仪式的消解。娱乐消遣是村民们看电视的主要动机。看电视作为一种娱乐休闲的方式存在于村民的日常生活中，同时电视也是他们增加社会知识的一项主要活动。电视，把有关外部世界的新的生活方式以及对未来的新的憧憬硬生生地带到了村民们的家中。以电视为代表的现代传媒正以一种潜移默化的方式改变着岜沙苗寨传统的生活方式以及娱乐方式。由于村民们对电视节目符号的解读缺少理性判断，所以很容易造成人们认知的误区。村民们很容易就会把电视所制造的“拟态环境”当成一个真实的世界，并采取相应的环境适应行动，这也就为村寨里的“越轨”行为构建起了一定的话语优势以及合法性。学者竹内郁郎把这种随现代传媒信息传播导致的民族文化变迁称为“原有文化的消逝”。① 也就是民族村寨原有的生活方式、集体认同以及文化形态都在一定程度上脱离了地方性，转向了都市型，并与整个社会文化的动向保持协调，形成了某种文化转换。

电视作为20世纪人类最伟大的发明之一，它对于我们生活方方面面的影响是重大而深远的。伴随着电视而来的信息传播已经成为了岜沙苗寨村民们了解外界信息的主要渠道。除了单纯的娱乐消遣，电视还向村民们输入大量的外界信息、思维方式和观念。除了日常娱乐方式的改变，电视“嵌入”乡村日常生活还体现在我们可以直观看到的各种生活细节。其中，最为日常的体现或许就是电视通过广告等对于消费者消费观念和消费行为潜移默化的改变。从具体内容看，消费观念主要指消费理念、价值观等，也就是人们对消费持有的态度；而消费行为则主要包括消费方式、消费决策以及消费结构等。电视对于现代社会和现代消费文化的变迁意味是深刻的。柯克·约翰逊在对印度两个村庄的调查中曾提及电视助长了消费主义精神，对传统乡村生活方式构成了冲击。“电视的出现影响了人们的生活和媒介的内容。有关生活、工作的消费品和现代观念一方面通过普通

① 竹内郁郎．大众传播社会学．张国良，译．上海：复旦大学出版社，1989.

节目被间接引入乡村，一方面通过商业广告被直接介绍给村民。"① 对于地处偏远山区的岜沙苗寨，因为经济条件限制以及相对闭塞的信息环境，村民们一直停留在满足基本生活需求的最低消费层面。勤俭持家、量入为出也成为了长期贯穿在大家日常生活中的消费观念。随着农村经济的发展，村民经济条件的逐步改善，加之大众传媒潜移默化的影响，村民们原有的消费观念也在不知不觉中发生了变化，不再仅仅满足于基本的生活消费品，而是开始了从低端物质消费到较为丰富的物质消费进而拓展到关注精神消费的层次。岜沙村民虽然对电视媒介中的广告类节目认可度远比都市人群要低，但不能说它们对村民的生活没有影响。

在对村民们日常生活的消费品进行简单分类后，我对 72 名村民进行了电视传播对其购物影响程度的调查，得到的数据见图 5.5：

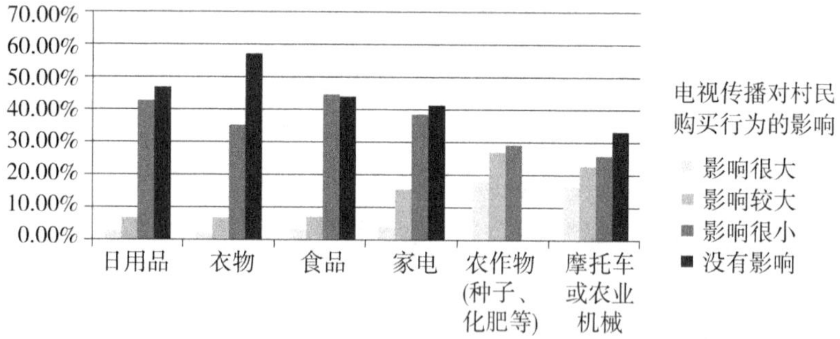

图 5.5　电视传播对村民购买行为的影响程度分布表（%）（N=72）

电视对村民消费行为和消费观念所产生的影响往往是潜在的。通过调查数据我们可以知道，在购买日用品、食品和服饰方面，影响较小和没有影响的比例相当大，说明电视广告并未能对村民形成常规性影响，这也符合村民对电视广告认可度不高的调查结果。在购买家电这类物品时，影响很大的人群比例不高，只有 4.2%。这类物品因为价格往往比较高，所以最能影响人们购买行为的是价格因素而非电视传播。从整个调查数据看，在购买农作物时，受到电视传播影响的比例相对较为均衡。这类产品具有一定的科技性质，村民在进行购买时除了考虑个

① 柯克·约翰逊．电视与乡村社会变迁：对印度两村庄的民族志调查．展明辉，张金玺，译．北京：中国人民大学出版社，2005.

人经验以外，还是会倾向于相信带有一定权威性的电视信息的发布，因此在购买行为上就会呈现出受到电视传播更大的影响。最后是摩托车或农业机械，因为这类产品属于家庭耐用品，村民在购买前一定会权衡再三且思考良久，通常会考虑周围人群的推荐以及电视广告的宣传。

戴维·莫利认为：“所有（电视）节目都暗含着各种各样的显性信息——事实、故事、图像……但是，节目传播的并不只是它们表面的（显性的）内容——它们通过隐喻、假设或内涵传播着隐蔽的信息。要想了解这种隐蔽或隐含信息的传播，我们必须超越常识层面考察。”① 电视传播的内容对村民们的直接影响短期内不会直接且强烈地表现出来，但隐性的或是更深层次的影响确实存在的。在对岜沙村民们日常行为的点滴观察中可以有所察觉。比如消费主义思想和行为的雏形已有所显现。罗雯指出：随着由计划经济向市场经济转变，由一个农业国走向现代化的工业国乃至直接跨入后工业社会，起源于西方社会尤其是第二次世界大战后美国社会中的消费主义正在渗透中国城乡社会的日常生活领域。②在岜沙苗寨村民的日常生活中，我们亦可以看到随着经济收入的提升以及电视对日常生活的介入持续加强，一个消费社会的雏形正在开始形成。虽然因为地域和经济资本的差异，这个消费社会还未完全显现于大山深处的岜沙苗寨，但不可否认的是，在耳濡目染下，电视正以润物细无声的方式向村民们灌输着各种来自城市生活的思想和观念，这其中消费主义思想和行为借势逐步渗透进村民们的日常生活，且这样的渗透越来越直接和强烈。

柯克·约翰逊在《电视与乡村社会变迁》中指出：电视节目一般更多地描绘都市生活方式，而不是乡村生活方式，这种倾向性使消费主义更为光彩夺目，而且电视展现出一幅描绘社会流动和个人成就的画面。这些节目使得很多村民，特别是年轻人，排斥乡村农业生活，转而追求其他的生活方式。③ 在电视不断“嵌入”村寨日常生活的当下，电视屏幕所传递出来的消费信息和消费观念，正不断建构着村寨新的日常生活方式。传媒已经成为村民们日常生活中重要的一部分。麦克尔·赫兹菲尔德曾用一组克里特岛山区妇女看电视连续剧的情形告诉我

① 戴维·莫利．电视、受众与文化研究．史安斌，译．北京：新华出版社，2005.

② 罗雯．消费主义时代中国传媒的文化表现．中国人民大学复印资料，2007（3）.

③ 柯克·约翰逊．电视与乡村社会变迁：对印度两村庄的民族志调查．展明辉，张金玺，译．北京：中国人民大学出版社，2005.

们，大众传媒在很大程度上是随着日常经历的发展而延续的，它们塑造了日常经历，也反过来被日常经历所阐释。① 在日常的潜移默化中，电视参与了岜沙苗寨村民日常生活的建构，改变着乡村村民的精神面貌和价值取向。

5.3 乡土性公共文化生活日渐式微

文化作为符号系统，它与传统相关联，即符号系统的建立不是一蹴而就的，它有一个历史形成过程，它在社会的交往实践中达成，所以若要掌握文化必须有一个学习过程，特别是对于年轻人。另一方面，文化又是对现实生活所作的反映，所以文化既是人们对生活的阐释，同时也是一种创造性实践活动。在这一活动中，社会的新生力量总是在其中起比较关键的作用，所谓新生力量既包括相对年轻一代的人们，也包括新兴的文化形态与相关的媒介方式。② 像岜沙这样的民族村寨，村民们所珍视的意义系统每天都在经受着现代传媒所传递的新的行为规则的冲击。现代传媒所携带的以消费为特征的大众文化，破坏了传统村落社会中赖以生存的关于需要与满足的规范，媒介文化逐步成为村落传统所接纳的"意义体系"。

我曾经和滚大哥以及村民谈及传统生活方式日益式微的现状。我问过滚大哥和村民，如果以后村子里的人都不穿民族服装了，孩子们也不再说苗语了，这样的变化到底是好还是不好？他们自己也不知道该如何作答。在大家心里，既有对过往生活方式的眷念，也有对未来生活种种可能的向往。像滚大哥这样的村民，日子越来越好过是心里所期盼的，但如果简单意义上的过得好要附着于原有生产生活方式上传统文化因子的被消解和抛弃，这或许又是他们不愿看到的。模棱两可的答复最能映衬出村民们内心对未来的不确定。

以电视为主导的现代传媒一方面让村寨里年轻人的社会化过程与村寨以及本民族的历史和现实逐步脱节，另一方面也在一定程度上使得原有人群的异质化过程加速，完成了再社会化。以电视为代表的现代传媒正以这样一种非强制性的方

① 麦克尔·赫兹菲尔德．什么是人类常识——社会和文化领域中的人类学理论实践．刘珩，等，译．北京：华夏出版社，2005.

② 蒋原伦．媒介文化十讲．北京：北京大学出版社，2010.

式改变着村民尤其是年轻人的价值观念、生存方式和人生关怀，不断地为村落中的“越轨”行为构建话语优势和新的合法性。

理论和实践都表明，公共性是我国农村社会发展中极具价值和不可或缺的要素。传统节日是村寨乡土性公共生活的最典型代表。苗族是一个有着众多节日的民族。丰富且趣味盎然的民族节日及仪式是岜沙苗寨传统文化重要的组成部分。在岜沙前后四次的田野调查中，我能比较真切地感受到村民们对于传统节日感情的淡化。岜沙一年中有 12 个节日，最为重要的是芦笙节、吃新节和秋千节。我曾在不同年份的秋千节返回岜沙苗寨做短期田野调查，能从参与人数、家庭重视程度以及其他细微处看到这种情感的渐趋淡化。2013 年寒假我在岜沙苗寨做田野时就听滚大哥说过，苗寨里最热闹的就是秋千节，男女老少都喜欢。时至今日，这个曾经是苗寨全体年轻人最为投入的节日，已经不再具有了全体性。村寨传统节日的过节氛围已经不如从前，变淡了很多。2014 年 7 月 24 日是岜沙的秋千节，我利用假期返回做短期田野调查，目的就是要真切感受这个热闹的节日。但几天下来，现实的场景还是和我的预期有一定差距。秋千节那天，包括滚大哥家云凤在内的一帮年轻人从早到晚都在忙着准备做秋千所需要材料，从早上到田里割稻草到水洗捶打再到编制晾晒直至最后挂秋千。参与进来的年轻人在数量上远远不足村寨里年轻人的半数。我从早上第一个环节——田里割稻草就开始跟着这帮为秋千节忙碌的年轻人，直至最后挂好秋千，所有环节一个不落。因为整个环节从早到晚，延续时间较长，所以陆续有人离开，也有人加入。在我目力所及的范围内，参与人数最多时也不过 30 人左右，确实已经没有了滚大哥所说的男女老少都参加的场景。一个秋千节，折射出的是村寨乡土性公共生活的日渐式微。

对仪式的研究一直是人类学的一个重要知识领域和研究范畴。人类学家把仪式称为盛满了传统文化内容的“贮存器”（container），不仅因为仪式是一种传统文化的“遗留物”，同时它也具有形式上的凝聚功能。解释人类学还在仪式的“隐喻性叙事”中发现了所谓的文化“动力”。传统生活中的节日是没有观众的。每到节日，全村上下，男女老少，每个人都会出现在狂欢的队列中。狂欢化的节日彰显的是村民们最质朴的对生活的欲求以及对生命的理解。但如今，旅游吸金成为了盛大狂欢节日最重要的初衷和由头。参加的舞者也都是经过筛选的村民。

古老的节日，经过了来自旅游部门的重新编排和打造，从音乐到服饰，从动作细节到全套程序，都已是为了游客而作的精心设计。"所以说今天我们的许多节日，是专为被传播而设计的。被重新包装过，被用来作为一种形象展示、被置于摄像机跟拍之下的民族节日，被观众席重重包围，祭神、锅庄、圆圈舞都成为了表演。"① 在岜沙苗寨，这样的情形同样存在。

相对于火塘日常生活意义的衰减，曾扮演村寨公共空间的芦笙堂也渐渐失去了往日的重要性。芦笙堂，曾经是岜沙苗寨公共生活最为典型的代表。无论是节日里全村欢聚或是村寨有重大事项需要商讨，大家都会聚集在这儿共同参与。如今，芦笙堂的功能和作用都发生了改变。今天的芦笙堂渐渐演变成了为游客进行集体表演的场所。芦笙堂所在的这块土地是村寨里最为开阔和平坦的地方，自然也就成为了为游客们表演的最佳场所。每每有旅游团要来村寨，县旅游局的电话就会打过来，村里就会组织专门表演的舞蹈队在芦笙堂演出。如今，这里传来的欢歌笑语以及闪动着的灵巧身影，更多的意义在于取悦游客，曾经庆祝生活的意义已经被来自经济层面的意义所取代。每一场演出 20 元的报酬也成了舞蹈队的成员们最重要的表演动力所在。村民们不再按照从长辈那儿传下来的舞蹈跳唱，而是按照他者对于异乡情调的想象和期待修正自己的身姿与表现。芦笙堂新修的一排排供游客们观赏节目时落座的石凳就这样很突兀地立在那里，它极其生动地告诉了我们这片场地功能的转变。为了迎合外部世界对民族文化的"想象"，对村寨传统文化进行的"改造"和"异化"大多带着强烈的功利主义色彩。这些被"异化"了的文化及表现，不再纯粹是岜沙苗族村民自觉自发的，在某种程度上说，今天的表演里包含了对来自外部世界信息刺激和挑战的被动的回应。芦笙堂的内在功能已经被其他新的媒介所消解或替代。

岜沙苗寨是一个基于一定血缘、地缘的生活共同体，村民之间的互动、连接与情感是其中最为关键和本质的。村寨的公共空间则是构建村民社会公共关联的重要场所，村寨公共空间的衰落，一定程度上会带来互助精神的消解和公共意识的淡化，最终伴随而来的必将是乡土公共性的衰弱。在民族村寨文化的现代建构中，大众传媒在一定程度上充当了文化趋同的推手角色。今天，我们看到太多少

---

① 王萍．大众传媒视野中少数民族节日与生存——以彝族火把节为例．贵州民族研究，2005（6）．

数民族传统节日在大众传播媒介上的展现。但有意思的是，这些从未拥有过如今天般显赫声名的节日，在村民们看来，似乎与记忆中传统的节日有了几分不一样或是差异。那些原本应该用来增强村寨凝聚功能的传统节日缘何变得有些陌生？究其原因，说到底，是在大众传播媒介的镜头里，这些传统的节日正在脱离民族原生态的文化语境，它们所应该具有的历史原貌变得越来越模糊和缺失。

伴随着村民们尤其是年轻人对于村寨传统记忆的不再鲜活，村寨的社区记忆也将逐渐退守到乡村社会生活的边缘地带，相关的村寨社会记忆也必然出现断裂。但可以肯定的是，在现代传媒进入村落以后，村落文化经历了一个从建构到解构再到重构的复杂过程。现代传媒在村庄内普及后，它通过传播多样的异质文化而在村落中建构起一种多元的文化格局，这种多元文化格局又在一定程度上解构了村落原有的传统文化，媒介文化在消解村落传统的同时又经历了一种“多重文化时空的叠合”而重新建构了一种新的属于村落的乡土文化。外来文化的异质难合与传统村寨文化的非理性解构，都使得当下的岜沙苗寨传统文化呈现出一种变化中的“空洞”状态。在原有文化生态正渐次被打破，而新文化秩序尚未建立之际，村寨的文化生活陷于了一定的困境。大众传播一方面传递着现代科技信息，普及着现代教育，也拓宽了村民们政治参与的途径且在一定程度上唤醒了村民们的法制和维权意识，这对于促进村民个人的现代化是有着极人影响和推动的。但另一个方面，大众传播也在消解着村落组织的结构和功能，促使村民们传统道德与价值观念的蜕化，在促进村民传统审美情趣与观念发生流变的同时也加速了村落传统习俗的转型，并因此引发了村寨传统文化的变迁。传统的乡土社会，火塘边或是芦笙堂里，人们口耳相传的村寨历史构成了村寨特性本身以及活动其间的个体社区记忆。今天，以电视为代表的大众传播媒介已经把触角伸进了村寨的社会生活。曾经封闭而狭小的这个苗寨自然极难抗拒这些来自外界的信息。当以火塘、芦笙堂为代表的村寨公共空间的衰落已经不可避免之时，它们所具有的社会整合功能也会随之消减。这样的消减必然带来村寨传统秩序和规则的改变，甚至是整个村寨文化的再一次重构。

大众传媒所拥有的话语霸权使得传者和受者天然地处于不平等的状态。大众传播媒介在生产信息的过程中有着许多建构意义的策略，它在某种程度上是构建世界意象的重要角色。受众对于那些自己无法亲自体验和经历的事物往往只能借助媒体的报道获得信息和认知。当下大众传播媒介在面对农村进行信息传播时，娱乐性内容占据了重要的板块，这使得村寨的传统文化受到大众文化的挤压，生存空间和发展空间都受到巨大威胁。同时，这些娱乐性内容所能承载的农村发展信息则是极不充分且形式过于单一的，城市与村落之间的"知沟"相应地呈现不断扩大的趋势。

总之，在现代大众传媒的冲击下，作为村寨重要的公共传播空间——芦笙堂正渐趋衰落。大众媒介所具有的吸引力作为一个重要因素正挤压和消解着村落公共空间存在的基础。变化无处不在，变化无时不在。最值得我们深入探究和细思的应该是从过去的芦笙堂转变到今天对电视的专注，这其中村寨和村民到底经历了怎样的外部环境和信息的刺激以及内部聚合的变迁。洪长晖在博士论文《电视与乡村日常生活》中谈及电视对所考察的长安村村民的影响，他用了"无处不在却又无迹可寻"来归纳。他指出：电视通过自身坚持不懈、源源不断地输出各种各样的信息，构成了现代社会人们生活中无法摆脱的一种信息环境。这种信息环境从现实层面上来说对个人的生活可能并没有一一对应的因果关系，这种关系可能更多地表现为一种关联关系，但是它就像一件"附着物"，你一旦身处其中就无法摆脱，更重要的是，有可能你觉得你自己能够摆脱它，或者并不觉得它的存在，用司空图品诗的话来说就是"羚羊挂角，无迹可寻"。①

彭兆荣指出，在那些小规模、无文字的社会里，仪式性叙事与记忆成了研究者最值得重视的社会知识的传承方式和"叙事文本"；其中纪念性神话仪式不啻为典型的例证。今天，那些曾经在岜沙苗寨过往生活中极其重要且显赫的仪式正在随着岁月的流逝慢慢减弱着它们的影响力。当下村寨里流传的各种民谣与民间故事，与主流意识形态保持着一定的距离，其背后起到支撑作用的就是民间意识形态。它对主流意识形态或消解、或认同。

5.4 岜沙苗寨的大众传播媒介生态

大众传播媒介在中国乡村社会的发展态势一直都是广电媒体先行，纸质媒体

① 洪长晖．电视与乡村日常生活——基于长安村的民族志调查．厦门：厦门大学，2008.

跟进，网络媒体逐步渗入的节奏。从岜沙苗寨目前的媒介生态来看，包括电视、报纸、广播以及互联网在内的大众传播媒介的生存状况各有不同，它们各自所占据的媒介生态空间也有很大差距。通过对岜沙村民大众传播媒介日常接触行为的调查，电视独占鳌头，成为了村民们接触频度以及接触时间最高的强势媒介。

智能终端设备的普及和基于它发展起来的新型媒体形式的兴盛应该算作近年来最重要的社会现象之一。新媒体的崛起重塑了商业形态，也重塑了人接收信息的方式和人际交往的模式。媒体形态的深刻转变必然会对社会形态产生影响，这个过程已经发生，而且仍在持续。在中国其他村落里已经开始兴起的网络传播或是新媒介传播，在岜沙苗寨显然还没有形成气候，这其中最为重要的原因应该是网络传播需要的硬件支持费用明显太高。在当下的中国，不同的省份、地区，农民的收入状况各有不同。通过对岜沙苗寨村民使用大众传播媒介的生态进行分析，我发现岜沙苗寨以家庭为单位的年收入普遍低于同地区的其他村寨。对于家庭年均收入并不高的岜沙苗寨，动辄上千块的电脑确实是一项家庭极大的经济支出。受到经济发展水平的制约，村民的购买力相对较弱，这使得电脑的拥有率也明显低于从江县所辖的其他村寨。这些现实情况都为我们解读岜沙苗寨的媒介生态提供了依据。这些年，虽然中国网络发展迅猛，但网络分布还是主要集中在经济发达的地区以及城市。目前农村受众触网率极低，岜沙苗寨的现状充分印证了这一现实。经济相对落后的乡村在媒介的使用情况方面受到来自经济条件极大的限制，只有当经济收入总体水平提高后，村民们拥有电脑这类更高价位的传播工具才有可能实现。

以网络为代表的大众传播新媒介在村落的普及很大程度上要依赖农村经济发展的状况。由于受到经济条件的限制，互联网在少数民族村寨的进一步发展还有待时日。所以关于新媒介传播并未作为本次研究考察的重点。但是依据现有的情况推测，特别是基于岜沙苗寨家庭逐年提高的经济收入以及越来越多的年轻人接触到并拥有使用电脑的能力，可以预估在不久的将来，这个相对落后闭塞的苗族村寨拥有电脑的家庭数量将会呈现增长趋势，会有更多山外的信息和各类娱乐内容通过电脑屏幕出现在村民们的视野里。到那时，关于民族村寨传统文化的现代建构研究将不得不增加有关新媒介传播的内容。而且可以预见，在更为海量和冲击力的信息面前，民族村寨传统文化所需要去应对和适应的外部环境将会变得更为庞大和嘈杂。

传播学者 Rubin 等人的一系列研究曾指出受众使用媒介的动机一般分为两种："仪式性使用"（ritualized uses）和"工具性使用"（instrumental uses）。前者指媒体的使用是一种固定的或习惯性的行为，譬如为打发时间、排遣烦闷、获得休息；后者指个人在使用特定媒体时都有其功利性的目的。在对岜沙苗寨的问卷调查中，我们可以看到，村民们日常使用电视更多是仪式性收看，工具性收看所占的时间比和目的比明显低于仪式性收看。由于受到知识水平的限制，村民更多的是被动接受电视所传递的各类信息，而对于信息的利用意识则相对较弱。

在今天网络还未能普及的岜沙苗寨，电视是村民们获取生活信息以及外界经验素材最为重要的渠道之一。在岜沙苗寨，电视是村民除劳作和其他娱乐之外的一个重要选项。对于大众传播媒介信息的使用和满足，在很大程度上取决于村民们自身的媒介素养。媒介素养，指的是人们面对传媒的各种信息时所具有的选择能力、理解能力、质疑能力、评估能力、创造和制作能力以及思辨性回应能力。① 由此比照，岜沙村民对于电视信息的各项能力，都还处在最为基础的起点，仅仅只是简单接收。在日常生活中，岜沙村民对于媒介的接触还是一种无意识状态下的观看，并非有着极其明确的目的。村寨的生活比较单调，电视是村民们打发时间的一种方式。即便在家里忙着其他事情，电视机也常常是打开的，特别是当因为天气、农闲或者其他各种原因待在家里时，电视里发出的声响成为了村民日常家庭生活的背景声。所以在岜沙苗寨，我们还会看到，开电视和看电视有时也并非一致。电视传播在潜移默化地改变着村寨文化生活的方式，尽管这样的改变还很难在较短的时间内一一呈现。麦克卢汉提出"媒介即讯息"，现实场景如他所述，随着媒介技术的发展，由媒介带来的信息传播使得我们的社会文化、思维方式各个方面都发生了变化。对于岜沙苗寨的村民而言，接受新技术传播的过程往往经历两个不同的阶段，在信息的认知阶段，大众传播媒介是起主要作用的渠道；而在信息的决策和接受阶段则是人际传播媒介起主要作用，最理想的方式是将两者结合。正如潘忠党所言，大众传媒对社会文化的影响问题，绝非一种理论就可以概括，任何一种单一的理论与方法都无法彻底地厘清它们之间的

① 郑智斌，樊国宝．论农村受众的媒介素养教育——基于安西镇调查的视角．南昌大学学报（人文社会科学版），2005（3）．

关系，只能提供一个不同层面的理论解释，而且每一种理论假设的归纳，都有其特定的对象和范围，很难作无限度的演绎。① 在某种程度上，岜沙苗寨的传统文化正在遭受到以电视为首的现代大众传播媒介的解构，这也导致当下我们看到的岜沙苗寨传统文化以及集体认同正在经历一个变迁与重构的过程。

在偏远封闭的少数民族村寨，大众媒介的介入对村民们生活方式以及思想观念的影响是需要综合来考量的。现代社会，人们在联结自我与外界时往往透过大众传播媒介这一渠道，大众传播媒介是我们获取生活信息与外界经验素材最为重要的通道。社会的快速发展和变迁，促使少数民族村寨所面临的文化环境也相应地发生了变化。村民们借助大众传媒提供的信息不断提升着自己对生活的想象和期望值，并借此进一步改变着已有的价值观念和行为模式。现代传媒尤其是电视，作为在我国农村普及率最高、影响力最大的传播媒介，固然构成了村民日常生活的一部分，但现代传媒也并没有完全摧毁村庄中旧的传播体系，如串门、捎口信等人际传播方式仍然相当有效地运转着。施拉姆在阐述大众传播媒介对社会发展的作用时，他也特别强调传播媒介数量的增长并不一定给社会变革的发展速度带来相应的增长。尤其是向根深蒂固的价值观念、社会习俗发起进攻时，大众传播媒介并未被证明是十分有效的。我们不能把村落长期以来所发生的变化，全部简单地归结为大众传播的影响。我们可以把岜沙苗寨看作一个“场域”，村寨文化是这个“场”的重要部分。为了更清楚地了解现代传媒的作用力，我们必须关注村寨文化与现代传媒的相互关系，还要详细分析村寨内部的各种力量（当地政府、村干部、村民、传统习俗、文化模式、群体规范、人际关系等）之间的相互关系。这些错综复杂的关系所形成的合力方向就是村寨文化发展变化的走向。

毋庸讳言，作为权力场之一的现代传媒所承载的意识形态对村寨文化的发展有着规定制约作用。在岜沙苗寨，村民电视机的拥有数量不应该让我们忽视村民们对媒介内容、媒介信息背景、媒介接触方式以及媒介使用能力的关注。我们还必须看到村寨传统文化以及村寨社会结构对于传播效果的制约作用。虽然以电视为代表的大众传播媒介已经深入到村寨的私人领域，并对作为个体的村民施加着

① 潘忠党．传播媒介与文化：社会科学与人文学研究的三个模式（上）．现代传播，1996（4）．

持久的影响，但现阶段它最多只能是引起不同社会力量交错和互动模式的变化，毕竟还未能完全打破村寨文化的深层内涵——传统家族制度和结构，也就是费孝通先生所概括的“差序格局”。从长远来看，民族村寨文化的改变，并非是任何外力就能简单地使其就范，文化变迁自有其内在的规律，只有依照文化脉络的社会转变才是根本的长远的变迁。我们知道，力的作用是相互的，所以还应该看到，在大众传播媒介刺激和作用于民族村寨文化的同时，它所负载的大众文化也会在一定程度上受到村寨传统的消解。归根结底，现代传媒首先是作为一种技术存在，其次才是一种文化。

在勒纳、施拉姆还有罗杰斯等发展传播学者的经典论述中，大众传播媒介是社会变迁的重要推动力。戴维·阿什德指出：“大众媒介通过娱乐和新闻范式转换着现实的形象，它在媒介逻辑的基础上界定、选择、组织、解释和展示信息，这些信息被转化成看似无目的的事态……媒介逻辑的一个特点就是建立起一个互动的信息环境，或一个普遍的和协调一致的象征意义模式，它对经验进行界定和组织，使之从一种情景转换到另一种情景。”① 在詹姆斯·凯瑞的《作为文化的传播》里也提到，新闻乃至于其他传播形式，其目的是为人们提供相互交流的机会，形成具有共同文化的共同体。在整个丰富而复杂的社会传播网络中，大众传播媒介只是作为其中的一个部分存在，所以对民族村寨文化的现代建构而言，它是一个不容忽视的重要因素，但并非产生影响的唯一因素。大众传播媒介所施加的影响更大程度上只是加速了民族村寨传统文化的现代化演进，而非彻底改变了民族村寨的传统文化。故而我们在把大众传播媒介看作是一种社会文化形式的同时，也还必须看到它作为一种经济形式和政治形式的存在。只有在这个基础上，我们才不会作出简单的二元结论，即有益或有害。而且，大众传媒对村寨文化的影响也并不限于负面效应、消极影响、异常结构等主流批评津津乐道的东西。虽然媒介具有某种程度的独立影响力，而且随着活动范围、经济重要性与信息权力的增加，可能会获得某些自主性，不过媒介终究必须依赖社会。所以，任何对新技术带来的变化的解释，都应将变化的语境同时考虑在内。我们不能简单地排斥大众传播对民族村寨文化的影响，而是要去研究如何在现有条件下更好地让大众传播的信息更积极地作用于民族村寨以及民族村寨文化。《草根媒体》的作者

① 戴维·阿什德．传播生态学．邵志择，译．北京：华夏出版社，2003.

丹·吉尔摩就提出，现在的新闻是大公司生产的单向性的新闻，Web2.0 则为创造双向对话的新闻提供了条件。① 这样的现实条件其实也为民族村寨文化向外进行双向传播提供了更加便捷的通道和各种以前无法想象的可能。

① 刘海龙．新闻的十大基本原则．北京：北京大学出版社，2014.

6 结　论

文化是一幅囊括特定群体整个生存方式的全景图，其中包括一个代代相传的共有体系，一个由各种价值观念、社会意义以及生活传统组成的基本假设。① 乡土社会，则是人们固守着生于斯、长于斯、死于斯的社会。村民们所要面对的只是四季时节的转换，而非大时代的变迁。人们依靠着从祖先那里传承下来的经验和自己的现实体验顽强地生活，越是过往的经验越值得尊奉。但是今天，在一个外界剧烈变化、内部不停躁动的环境下，传统的效力开始出现动摇或减弱，内外结构的快速变迁导致老办法很难再应对新问题。

2017 年 3 月 2 日，在即将结束这篇论文之际，我再次踏上了回岜沙苗寨的路程，这也是在贵广高铁开通后第一次回去。相比之前三次田野调查坐长途客车的颠簸，这次高铁之旅让人心生感慨。交通的畅达无疑会将更多的外来者带入大山深处的岜沙苗寨，同时也给了岜沙村民循着这条轨道走出大山、看到更为宽阔的外部世界的机会。我们可以预想到在这必然发生的进与出之间，经由社会传播网络带来的外部刺激也将更进一步作用于这个少数民族村寨文化的变迁和重构。

关注民间的、边缘的或是地方性的叙事，既是对历史和当下文化的一种实证态度，也是关注主流声音之外的边缘性的叙事。这些在现代性叙事中作为“他者”而存在的文化，并没有因为现代性的压抑和排斥而消亡。② 文化是一个民族的灵魂，具有凝聚、整合、规范社会群体行为以及心理的功能。世界上没有哪一种文化是静态的，都是在各种环境及外来因素的刺激下动态发展的。王海飞在谈及裕固族 30 年来文化变迁的问题时指出：“何为‘原生态’本身就是个问题，

---

① 理查德·刘易斯．文化驱动世界．李家真，译．北京：外语教学与研究出版社，2007.

② 刘晓春．仪式与象征的秩序：一个客家村落的历史、权力与记忆．北京：商务印书馆，2003.

没有哪种文化是处于某个‘原生态’的历史横断点而维持不动的，翻开中国历史，每一个民族的文化无时无刻不在变化、发展的过程中……若是机械地去保留所谓的‘原生态’，只会有两个结果，要么是变质的文化——完全脱离生活的‘假文化’；要么是没有活力的文化——只能进入博物馆的‘死文化’。‘假’的文化和‘死’的文化都背离了民族文化传承发展的根本。”① 今天的岜沙苗寨正处于社会传播网络的各种冲击和包围中，随着各类力量的日趋介入，外来文化与村寨传统文化之间的碰撞、冲突抑或交融还将不断上演，村寨文化的变迁与重构也将在主动出击与被动接受的混杂中呈现出更为复杂生动的演变可能。

6.1 多层次、动态交叉的社会传播网络

人类学家爱德华·萨皮尔强调：“每一种文化形式和每一社会行为的表现，都或明晰或含糊地涉及传播。”② 任何信息的传播和扩散，都借助于多种不同的传播方式交互作用共同完成。社会传播网络好似一个大型庞杂的网，让生活于其间的个人和社区因它的波动发生着各种或直接或间接的变化。

乡土社会的生活是富于地方性的。这里的地方性是指他们活动范围有地域上的限制，在区域间接触少，生活隔离，各自保持着孤立的社会圈子。乡土社会在地方性的限制下成了生于斯、死于斯的社会。“常态的生活是终老是乡”。这是一个“熟悉”的社会，没有陌生人的社会。③ 经济全球化的进程必然使得那些传统深厚、历史悠久而又相对闭锁的文化在多重信息的刺激下面临巨大的变迁以及思想、观念和情感转型，岜沙苗寨也概莫能外。

随着社会文化环境或自然环境的改变，一个社会从内到外的变迁也将随之发生。在这里，社会文化环境主要是指人、文化和社会，其改变如人口密度的增长、与外界的联系或新的政治体制、机制的诞生等；而自然环境则指生态环境，包括自然的和人工的，其改变如迁徙到一个新的地方、自然灾害、气候变异等。

① 王海飞．文化传播与人口较少民族文化变迁：裕固族30年来文化变迁的民族志阐释．北京：民族出版社，2010.

② 王萍．大众传媒视野中的少数民族节日与生存——以彝族火把节为例．贵州民族研究，2005（12）.

③ 费孝通．乡土中国．北京：人民出版社，2008.

村落的封闭和自足是相对的。村寨通过各种渠道获取外界的信息和动态，并因此作出有关个人或是集体的各项应对策略。所以，看似自给自足的闭塞的村寨，其实也是区域网络中的一个基本点。① 那些相对封闭的村落，受到各方面条件的限制，较少受到各类信息尤其是来自现代传媒信息的冲击，其规范价值与象征价值之间、行为准则与意义符号之间的关系则相对紧密得多，个体被捆绑在一张相互依赖且涉及生活方方面面的传统规范的网络之中。

现代社会，信息的流动多以同步的方式经由不同的传播渠道进行着更为广泛的扩散。当我们去考察岜沙苗寨时，已经不能仅仅停留在各种传播媒介产生的单纯影响上，而是要把焦点投放在两种甚至是更多种文化的对话上。这样的对话无时无刻不在进行着，对话得以展开借助的就是形式多样的各种媒介，而那些进行对话交流的人就置身于由各种媒介形式所编织成的“传播网络”之中。在岜沙苗寨，社会传播网络包括看似简单却内涵宽泛的三个部分，一是占据信息传播最重要地位的直接的人际传播和由此衍生出来借助现代技术的间接人际传播；二是基于国家引导性力量且带有“濡化”功能的组织传播；三是以电视为主要娱乐休闲平台的大众传播以及还未真正普及开来、暂时停留于初步接触阶段的新媒体传播。在这个内涵丰富且形式多样的社会传播网络的共同作用和影响下，今天的岜沙苗寨开始了虽不明显但却是非常重要的细微变化。这些改变不仅发生在村民们的日常生活言行、生活方式以及习惯的诸多细节上，也发生于村寨面貌、人际关系及价值判断等其他更为宏观的层面。黄仁宇的“大历史观”强调背景和事件发生的众多因果关联。一个历史事件的出现，是经历无数先决条件量变到质变的过程。这种对于历史独特的研究技巧和方法，同样可以借鉴到我们对于社会传播网络与民族村寨文化变迁的相关性研究。

现代化命题之下的村寨文化的重构依旧处在传统与现代的夹缝之中。在我国存在“二元社会”的认知和判断，“城市—乡村”确实也呈现出不尽相同的生活方式以及文化表征，于是现代化的推进过程中就出现了要求乡村社会改变原有封闭落后生活方式的渴求。在这样的逻辑下，以电视为主体的大众传播媒介开始以积极的姿态出现在中国的乡村社会，并迅速成长为“传递都市生活方式”的重

① 刘晓春．仪式与象征的秩序：一个客家村落的历史、权力与记忆．北京：商务印书馆，2003.

要角色。虽然少数民族村落也会在电视等现代传媒上得到展现，但相对于电视日复一日且源源不断输入的都市娱乐文化，前者很明显处于弱势地位，不对称性十分明显。而且在今天的现代媒介里，民族文化的展现更多倾向于一种符号表达的片断，在被异化为“文化工业产品”的同时，更主要的作用则在于让身处钢筋混凝土都市丛林的人们享受到一种所谓的“异域风情”。在城市化的强势话语下，闭塞、偏远、贫困的村落正在被改造，附着于这些村落的传统文化也正面临着被进一步重塑或瓦解的危险。

社会传播网络之于岜沙苗寨传统文化现代建构的动态作用，是一个传统农耕文化在多层次传播网络中渐次发生变化的真实写照。施拉姆在《传播学概论》中指出，研究传播时，我们也研究人——研究人与人的关系以及与他们所属的集团、组织和社会的关系。① 在《社会传播网络——传播学研究的新进路》一文中吴飞指出，传播网络正是人类利用符号手段所编织的交换信息和思想的一种动态交换结构，基于这样的网络，个人完成自己的社会化过程，并将自己的生活编织进更大的网络之中，从而使自己成为更为复杂的社会系统中的一分子。从某种意义上说，人的社会化程度是其编织传播网络和利用已有的传播网络的能力成正比的。同样，要揭示一个社会独特的品质，需要从揭示这一社会的传播网络入手。正是借助于各种不同的传播网络，同一社区的人才能形成共有的意义，而又是在共有意义的基础上，这一社区才能成为一个相对紧密的结构。② 今天的岜沙苗寨，在传统的人际传播依旧盛行的当下，政治意味强烈的组织传播利用来自体制和教育领域的信息对村寨的传统文化不断施加着影响，而手机和电视的出现，作为信息社会带给村寨的必然结果也在不断改变着村寨传统文化传承的内容。这其中，以手机和电视为代表的现代传播工具，利用独特的传播优势和特性，已经逐渐成为了苗寨传统文化现代建构的重要影响源。

当下的社会，社会传播网络是一个由不同的传播形态组合而成的复合体。信息的传播与扩散并非简单按照单一的传播方式进行，更多的时候它是经由不同的传播渠道同时进行。姚君喜认为，传播网络是以人类社会共享意义的生产、沟通

① 威尔伯·施拉姆．传播学概论．陈亮，等，译．北京：新华出版社，1984.

② 吴飞．社会传播网络——传播学研究的新进路．中国人民大学学报，2007（4）.

和交换的多层面、动态的信息交流结构形态。① 在岜沙苗寨，社会传播网络是村民们进行传播与交流的工具与介质。随着传播技术日新月异的发展，今天的技术在很大程度上已经模糊了我们对于传播方式的基础划分。人际传播、组织传播与大众传播的边界越来越难以界定，简单的区分或是归类都可能带来不确定性。由此可见，社会传播网络其实是一个多层次、动态交叉的复合体，它涵盖了人类所有的传播活动，并且也还处在不断的变化中。传播不再是一个简单的线性模式，而是一个网状模式。在这个网状的传播模式中，人们无论是接受信息抑或发布信息，往往都同时在使用着人际传播、组织传播以及大众传播的渠道。这些不同的传播方式，就像一张张动态的网，将人类生活笼罩于其中。

人是关系的动物，而关系是依赖传播网络生存和发展的。杜赞奇在《文化、权力与国家：1900—1942 年的华北农村》中对文化网络下过定义，他认为：文化网络由乡村社会中多种组织体系以及塑造权力运作的各种规范构成，它包括在宗族、市场等方面形成的等级组织或巢状组织类型。这些组织既有以地域为基础的有强制义务的团体（如某些庙会），又有自愿组成的联合体（如水会或商会）。文化网络还包括非正式的人际关系网，如血缘关系、庇护人与被庇护人、传教者与信徒等关系。② 在谈及社会传播网络的功能时，吴飞认为，没有密切的传播网络，就没有密切的社会关系。人是社会的动物，社会同样需要传播网络来维系。传播网络完善的社会其社会整合力就强，传播网络越有序的社会，社会秩序越有序。这就意味着传播网络在社会系统中，具有其独特的功能。③ 今天的我们，都生存在这个宏大的社会传播网络中。所以我们对于社会事实的把握不能仅仅作静态的分析和解释，也不能把目光仅集中于那些最为显见的“事件”，揭示社会关系和意义，进而把握社会事实更好的观察途径应该是对社会传播网络的整体关照。在岜沙这个偏远封闭的苗寨，它本身的文化网络是极具示范效应和约束力的，故而变化也就相应缓慢。社会传播网络的日益繁杂和渗透，成为了促进这种缓慢变化的外力，扮演起了推动的角色。

---

① 姚君喜．社会转型传播学．上海：上海交通大学出版社，2008.

② 杜赞奇．文化、权力与国家：1900—1942 年的华北农村．南京：江苏人民出版社，2003.

③ 吴飞．火塘·教堂·电视：一个少数民族社区的社会传播网络研究．北京：光明日报出版社，2008.

不同的传播方式可以成为我们认识民族村寨文化现代建构的一个分析工具，罗杰斯在对创新扩散过程中传播渠道的影响进行研究时，也强调了大众传播与人际传播、组织传播手段的结合使用。在岜沙苗寨，火塘、芦笙堂、学校、电视以及手机等组成了相互勾连、相互影响和渗透的社会传播网络。在“保护文化多样性”的全球共识下，民族村寨的传统文化因其稀缺性的文化资本意义，得到了国家力量、知识精英以及大众传媒的共同关注和规划性再造。经典现代化理论始终强调的“传统”与“现代”二元对立观点以及“单线式”的进化并未成为唯一的进路。岜沙苗寨的个案让我们看到，在超地方性的“大传统”之外，努力保持“小传统”的独立个性特征，同样是民族—国家走向现代化的必要方式。随着村寨场域的日益开放和社会传播网络的不断介入，民族村寨文化的复兴与重构相应地呈现出多元化的发展态势。经过以上对岜沙苗寨文化形成、发展、变迁过程的全面考察，我们可以清晰地看到一个苗族村寨如何在社会传播网络的参与下渐次展开村寨文化现代建构的过程。

6.2 社会传播网络运行的节点

社会传播网络在某种程度上重构了村寨里的人际关系，原来仅仅依靠血缘和宗族制度维系的简单的长幼秩序被改写。今天的村寨，既有着传统的人际关系网络，也有着依据组织传播建构起来的以村委会为基础的人际关系。

麦奎尔认为，媒介不能离开身处其中的国家和社会环境，传播格局的核心其实是权力的角逐。伴随着权力的角逐，传播网络也将发生相应的变化。传播网络是社会网络中的子网络，它与政治、经济和文化等子网络相互作用。福柯将权力分析的重点放置于权力运作的机制方面，在他看来，权力如何发生、如何运作这些微观层面的问题要比权力由谁来掌握的问题更重要。我们要想真正把握到传播网络运行的核心，就必须对传播网络运行的节点有一个深入的探究。

在社会传播网络中，负责把各个部分连接、聚拢起来的是节点，节点是整个网络中信息扩散的中心。对于乡村的社会传播网络而言，这个节点对应的就是社会学以及人类学研究中所概括的“乡村精英”或能人。这些“乡村精英”或能人在传播网络中施展着自己的才华，并让村民们模仿和参照，他们在一定程度上起到了示范作用。同时，他们本身所具有的张力和强度决定着示范效应的强弱。传播网络的结构受制于社会的政治、经济结构，所以，通过传播网络来认识和理解社会深层次的问题是一条可行且有效的路径。乡村社会中，居于传播网络中节点位置的“精英”或“能人”在村寨政治生活中起着重要的引领作用，同时他们对于村寨的现代化进程也有着重要影响。

精英理论自19世纪末20世纪初由意大利学者莫斯卡和柏雷图提出来之后，各界对于精英的形成以及精英对政治生活的作用都有过大量的阐述。杨顺清指出，较之于普通少数民族群众，民族精英更为熟悉民族文化，对民族的传统有着更为深刻的认识和体会，对民族的前途更为敏感、自觉和更具洞察力，对民族负有更多的责任和肩负着更大的使命。① 村落精英是地方社会与国家政权以及意识形态联系的中介。在传统社会，经世累积的生活经验以及自祖辈那儿传承下来的价值观一直在规范着村民们的行为和思考。村落精英是这些经验和价值观最重要的维护者，这使得他们在村落的仪式与象征方面具有一定的支配权，某种程度上，村落精英是村寨传统价值规范、制度仪式以及礼俗习惯的解释者。正因如此，国家政权以及主流意识形态通过村落精英们作用于民间。在国家和地方处于相对和谐的并存状态方面，村落精英们功不可没，贡献巨大。

1992年美国社会学者罗纳德·伯特（R. Burt）提出了结构洞理论。他强调一个社会网络中最有可能给参与者带来竞争优势的位置处于关系稠密地带之间而不是之内。无论是个体或是组织，其社会网络均表现为两种关系，一是网络中的任何主体与其他每一个主体之间都发生联系，但与其他主体不发生直接联系。这种无直接联系或关系间断的现象，从社会网络整体来看好像网络结构中出现了洞穴，因而被称为“结构空洞”。例如，在ABC网络中，如果AB之间有关系，BC之间有关系，而AC之间没有关系，则AC是一个结构空洞，AC如果要发生联系，必须通过B。AC结构空洞的存在为B提供了传递信息和控制信息两大优势。② 村落精英就好似伯特所说的B，处于国家和地方、主流与边缘的中介节点，由村落精英联结起了两者，并通过他得以把来自政治权力中心的意识形态以

① 杨顺清．中国少数民族政治关系分析．昆明：云南出版集团公司，2008.

② 吴飞．火塘·教堂·电视：一个少数民族社区的社会传播网络研究．北京：光明日报出版社，2008.

及主流文化传递到居于政治边缘、地域边缘的民族村寨。社会学家科尔曼认为，任何人际关系和组织关系都是以一定的信任关系为基础的，而强关系则会带来信任。乡村精英在某种程度上拥有着来自村民普遍的信任，这也就让他们理所当然地成为了国家治理与村寨之间的重要中介。

贺雪峰等学者认为当代村落精英可以划分为传统型精英和现代型精英。传统型精英主要指在传统文化影响下村寨里那些德高望重的老一辈精英，如“寨老”等。寨老一般都是村里公认能为众人办事出力的中老年人。寨老的责任是负责召集村民议事，执行古理规约、习惯法，维护本寨的安定和睦与利益，处理寨内事务，调解民间纠纷，牵头和指挥举行或参加大型祭祀、娱乐等活动。“老”在地方上被赋予了某种权威。在很多少数民族村寨中，“寨老”几乎成了一个专属性的称呼，它基本等同于“权威”。“寨老”属于苗族内部，来自村寨自我的认可和评价体系，所以极具族群性和乡土价值。在邑沙苗寨，来自民间最有威望的人是“寨老”。

彭兆荣在《摆贝——一个西南边地的苗族村寨》中，有一段关于“苗王”杨写巴的记述：

> 我还纳闷，杨写巴（摆贝的苗王和村支书）自己说他没有一点文化，凭什么能够当这么老久的“官”呢？又为什么摆贝地方都买他的账？而且我注意到，当他在讲自己“没有文化”的时候，那眼神中不仅没有流露出缺憾和自卑；恰恰相反，那眼神充满着骄傲和自豪。我想，“文化”在这里多半指他没读过书，不识字。这是主体民族——汉族的价值指标，即：不读书、不识字就“没文化”。我们已经相当习惯地把不识字的人叫作“文盲”，也就是说，不识字就是“瞎子”。相反，“文明”的基本指标是：识得文字，仿佛“日”“月”一般的“明”。从这个角度说，或者在汉族社会的价值系统里，杨写巴是个“文盲”。可是，在那摆贝地方的苗族中间，他却是个“智者”。

在民族村寨的传统中，文化水平的高低并不能左右村民对“苗王”或“寨老”的认定，往往是那些年龄大、资历深，在村寨生活中具有相当的威信，同时也积极参与到村寨事务中的人能得到村民的敬重。村寨现代型的精英，则主要是指村委会干部，除此之外，村寨里近些年考上大学或是外出工作再回归故里的年轻人作为未来潜在的有影响力的人也同样可以归为现代型精英。他们同样拥有来自村民的信任以及威望。“村长”或“支书”，这些称呼都属于政府委任，是官方赋予并由官方来评价的，它们来自另外的一种文化、政治的赋权。彭兆荣指出：由现代国家政治参与“制造”的，以“民族—国家”为边界单位，并具有主体民族话语权性质的社会力量，必然对乡土社会形成巨大的冲击。①

滚拉往曾当过村里的支书，在担任村支书前也曾是岜沙苗寨的“寨老”。滚大叔今年69岁，年轻时在北京铁道兵团当兵，算是寨里见过世面、出门最远的人，所以回来后得到了来自民间和政府的双重认可。这样的经历使得他成为了官方力量和地方知识的最佳代言人，他在岜沙做过几任村支书。在他们这一辈的老人中，滚大叔算是汉语最流利的，这得益于年轻时出去闯荡过，和他做访谈完全没有语言上的障碍。虽然年事已高且已经从村支书的位置上退了下来，但大叔对外面的形势依旧比较关注，对各类信息也都还有一定的了解。

通过对湘黔桂毗邻边区三个民族村寨的田野调查，张斌发现少数民族村寨政治精英无论是传统型，还是现代型，乃至潜在型村寨精英，都具有良好的媒介素养，比较积极，也非常善于利用大众传播资源来开展工作。② 总体而言，通过田野调查，我们也可以在岜沙苗寨的现实社区里发现同样的情况。岜沙苗寨的传统型精英和现代型精英的媒介接触机会都比村民多，对于大众传播媒介的信息也更为关注；而村寨里未来的潜在精英们则相对受过更为良好的教育，文化层次也更高，对于村寨未来发展往往有更多自己的想法和突破。

社会传播网络是由人际传播网络、组织传播网络以及大众传播网络共同构成的。在这个复杂的网络中，节点也就是村寨里的各类精英和能人影响着网络整体运行的效率和信息流动。罗杰斯等人有关创新的扩散研究告诉我们，“扩散过程

① 彭兆荣．摆贝：一个西南边地的苗族村寨．北京：生活·读书·新知三联书店，2004.

② 张斌．大众传媒与少数民族乡村政治生活——对湘黔桂毗邻边区三个民族村寨的民族志调查与阐释．武汉：华中科技大学，2012.

的核心是潜在的采用者模仿网络中伙伴的做法”。① 村民往往很少对媒介提供的信息作出反应并采取行动，真正能对人们产生行为影响的是那些沿着人际传播轨道传递过来的信息。在这个同样丰富且内涵宽泛的人际传播轨道中，最具影响力的依旧是那些由村寨精英以及各类能人直接或间接架构起来的信息轨道。吴飞在对独龙族的社会传播网络进行分析时，借用了马克·格兰诺维特对“桥”所使用的定义。桥指的是“在一个网络当中，提供给两点之间唯一路径的一条线”。② 在岜沙苗寨，各类精英和能人们起到了“桥”的作用，他们勾连起了整个村寨零散而琐碎的人际关系，并凭借威望和来自村民的信任，让自身所代表的村寨社会传播网络节点发挥着极大的作用，同时在潜移默化中给村寨文化的现代建构带来点滴细微的影响。

6.3 文化沿着社会传播网络的“旅行”

在《世界·文本·批评家》一书中，萨义德提到了“旅行中的理论”。他认为：“正像人们和批评学派一样，各种观念和理论也在人与人、境域与境域，以及时代与时代之间旅行。文化和智识生活通常就是由观念的这种流通（circulation）所滋养，往往也是由此得到维系的，而且，无论流通所采用的形式是世所公认的或者是无意识的影响、创造性借用，还是大规模的挪用形式，观念和理念由一地到另一地的运动，既是活生生的事实，又是使智识活动成为可能的一个不无用途的条件……某一观念或者理论，由于从此时此地向彼时彼地运动，它的说服力是有所增强呢，还是有所减弱，以及某一历史时期和民族文化中的一种理论，在另一历史时期或者境域中是否会变得截然不同，观念和理论从一种文化向另一种文化转移的情形特别值得玩味。”③ 在萨义德看来，观念和理论从一地到另一地的运动，可以用“旅行”来描述。在这样的“旅行”中，观念和理

① 埃弗雷特·M. 罗杰斯．创新的扩散．辛欣，郑颖，译．北京：中央编译出版社，2002.

② 马克·格兰诺维特．镶嵌——社会网与经济行动．罗家德，译．北京：社会科学文献出版社，2007.

③ 萨义德．世界·文本·批评家．李自修，译．北京：生活·读书·新知三联书店，2009.

论所产生的挪用和影响并非一种模式可以概括。对于观念和理论是这样，同理，谈及文化的传播和影响，我们也可以借鉴萨义德的这个思路。通过前文对岜沙苗寨文化变迁以及现代建构过程宏观与微观层面的描述，我们可以将文化和信息传播的符号过程与使用者的解释过程结合起来进行分析和透视。

对于岜沙苗寨而言，村寨传统文化所受到的挑战，很大部分来自那些或异域或现代的“旅行中的文化”。这些“旅行中的文化”附着于政治权力或经济利益，在对村寨文化发起挑战的同时，也参与到了村寨文化的现代建构之中。它们沿着社会传播网络的触角渗透进入村寨生活的各个方面，使得展现于我们眼前的村寨文化已经在各个领域发生了或细微或明显的变迁，且这样的变迁还在不停息地发生着。因为与古老传统之间的距离和隔阂，“旅行中的文化”在新的境域进行移植、流通时还面临着一系列复杂的情形，并非畅行无阻。萨义德对理论或者观念的旅行方式做了归纳，他认为需要经历四个步骤。“第一，需要有一个源点或者类似源点的东西，即观念赖以在其中生发并进入话语的一系列发轫的境况。第二，当观念从以前某一点移向它将在其中重新凸显的另一时空时，需要有一段横向距离（distance transversed），一条穿过形形色色语境压力的途径。第三，需要具备一系列条件——姑且可以把它们称为接受（acceptance）条件，然后，这一系列条件再去面对这种移植过来的理论或观念，使之可能引进或者得到容忍。第四，现在全部（或者部分）得到容纳（或者融合）的观念，就在一个新的时空里由它的新用途、新位置使之发生某种程度的改变了”。① 从萨义德对这四个步骤的描述，我们可以从中窥见“旅行中的理论”所要经历的漫长迁徙，而“旅行中的文化”想要进入民族村寨且与传统文化产生交融，同样有一个缓慢而艰辛的过程。从获得生发的源点（point of origin）到面对古老传统的压力，再到一系列接受条件的满足，最后直至实现全部或部分的融合，每一步都困难重重。

文化旅行的过程中，会发生重新解释文化的现象。一种外来的文化特质不可能被按照原貌传递和接受，总会和当地的传统文化相结合，并纳入该民族的文化体系中。这一现象非常常见。其次，当不发达的民族开始接受较为现代化生活方

① 萨义德．世界·文本·批评家．李自修，译．北京：生活·读书·新知三联书店，2009.

式的基本要素时，往往会因为所接受的技术变迁导致的一系列连续变迁。变迁是一个不断发生的社会过程，这个过程好似环环相扣的链条，每一个细节的变化都可能引发连锁反应。

社会学家帕森斯的行动体系理论强调了文化的维模功能。相对稳定的文化结构模式与文化的选择、自我保护功能相联系。对于邑沙苗寨的传统文化而言，文化的维模功能可以让它对经由社会传播网络渗透进入的外来信息和文化起到一种选择和自我保护的作用。德维托也指出：“文化通过传承（enculturation）代代相传。你学习自己生于斯长于斯的文化的过程就叫做传承，本土文化的学习过程从你出生那一刻就开始了。父母、同龄人、学校、宗教机构、政府机构等都是文化传承的主要老师。通过文化传承，你可以获得种族认同感（ethnic identity）……另一种学习文化的过程叫同化（acculturation），在这一过程中，你会学到不同于自己原初文化的另一种文化的规则和标准。在同化的过程中，你的原初文化或本土文化会因为与一种新的、不同的文化的直接接触或者遭遇而被修改”。① 作为某个群体特有的生活方式，文化不是通过基因遗传的，而是通过传播活动在代际间进行传承，所以才有了我们通常说的：文化是世代相传习得的。“旅行中的文化”作为一种有异于原初文化的外来介入者，扮演着对原初文化进行同化的重要角色。一般而言，年纪越轻、受教育程度越高的人，被“旅行中的文化”同化的速度要快于年纪较大、受教育程度越低的人。

“旅行中的文化”，依托无处不在的社会传播网络，可以最大限度地实现与民族村寨文化的对接和共处。以手机、互联网为代表的新媒体技术迅速扩散和应用，都将为传播与发展、传播与民族村寨文化现代建构之间的关系研究开辟新的结合点和实验场。发展传播学的批判性取向为我们研究传播网络与社会变革带来了更为开阔的视角。发展传播学最初在传播过程线性模式的基础之上，把大众媒介效果视为社会发展“增殖器”。随着以詹姆斯·凯利为代表的一批西方学者将传播视为一种文化共享的反思开始，发展传播学更重视传播与文化、社会变革之间的关系。社会传播网络对村寨日常生活全方位的介入确实在很大程度上促进了村民接受新的价值标准和观念，为“旅行中的文化”参与村寨文化的现代建构

① 约瑟夫·A. 德维托. 人际传播教程. 余瑞祥，汪潇，等，译. 北京：人民大学出版社，2011.

起到了极大的推动作用。今天的巴沙村民，对于外来信息，甚至对于最为内核的精神层面的变动，也开始有了更为开放的接纳态度。

6.4 社会传播网络与民族村寨文化的现代建构

关系是一个动态过程，它总是与传播联系在一起。文化的传承与创造是一个漫长的历程，随着全球化以及城市化进程的加快，我国的少数民族村寨所面对的外部信息环境以及内部文化生态正在发生着改变。乡村经济结构出现转型，村民生活方式发生变化，村寨文化生态也日趋变得复杂。这些都注定了少数民族村寨文化的现代建构将是一个长期的、复杂的和艰巨的过程。今天，现代化成为席卷全球的社会发展潮流，同时也是影响人类社会文化变迁的主要因素。变迁是文化的基本属性，现代化是民族村寨文化变迁的主要因素，而村寨的转型是社会转型的反映。历经漫长时间积淀、凝聚和沿传的民族村寨传统文化虽然具有较为稳固的结构模式，但凭借着人际传播、组织传播以及大众传播，各种渐次展开的现代的、外来的“他者”文化在村寨里也越发显现出它的影响力。这些“他者”文化对于民族村寨文化所形成的冲击，将对村寨传统文化的现代建构带来渐趋深远的影响。

尽管相对闭塞，但是在岜沙苗寨各种传播形态依旧在村民的日常生活中扮演起了各自的角色。这其中最为典型的就是以火塘、芦笙堂为代表的人际传播网和以村委会、学校为代表的组织传播网以及以电视为代表的大众传播网，它们共同构成了一个动态的网络，村寨里的人们被这样一张复杂而动态的传播网络时刻笼罩着和影响着。岜沙苗寨传统文化的现代建构虽然只是发生在一个偏远地区的民族村落变迁，却为我们更微观地去理解我国西部地区民族村寨文化现代建构与社会传播网络之间的关联性提供了一个鲜活的个案。

在回顾近几十年来的乡村中国研究时，赵旭东认为，我们实际上仍旧没有摆脱把中国乡村看成有问题的乡村的思考范式，把注意力集中在寻找依据主流的价值观念而映射出来的乡村社会问题，诸如缺乏组织的原子化、宗族对于乡村治理的影响以及缺乏秩序的乡村政治的妖魔化。所有这些问题意识显然不是在学理的层面上而是更多从政治层面上在迎合西方对于现代社会所应该具有的治理模式的界定，城市如此，乡村似乎也应该如此，但是却没有注意到，在这些乡村社会中存在着一种需要被理解的自在状态，那是与主流的政治话语不相一致的政治生态。我们没有把乡村放在要理解的对象的地位上，更没有把乡村放在更为宽广的中国文明的背景上来加以理解，更不要奢谈将乡村放在世界文明的演进中来理解了，我们很多看起来是自然而然应该如此的东西，如果放到更大的范围去理解，这种自然而然就不再存在了。① 改革开放以来，我国乡村社会发生了全面而深刻的变迁转型。这种变迁最早体现在乡村生活方式的缓慢变化中。村寨文化联结着村民们的过去、现在乃至未来。对于生活在这个既定文化环境中的村民，一方面坦然接受着从祖先那儿传承下来的生活方式以及价值观念，另一方面也在现实的生存环境中不断地再创造，让传统的生活方式与价值观念萌生出新的意义。生活方式作为村寨文化中最为直观的表现，它的变化背后隐藏着复杂的动力机制。社会传播网络以立体复合的方式全方位渗透进入村寨的日常，这让它在村寨文化的变迁中承担起了越来越重要的角色。深入寻找村寨文化之所以延续至今的历史发展脉络及其今天进行现代性建构的可能动因，可以让我们对于媒介化社会中的民族村寨文化变迁有更为细致和透彻的了解与认知。

马歇尔·萨林斯指出，“最近几个世纪以来，被西方资本主义的扩张所统一的同时，世界也被土著社会对全球化的不可抗拒力量的适应重新分化了。在某种程度上，全球化的同质性与地方差异性是同步发展的，后者无非是在土著文化的自主性这样的名义下作出的对前者的反应。因此，这种新的星球性组织才被我们描述为‘一个由不同文化组成的文化（a culture of culture）’，这是一种由不同的地方性生活方式组成的世界文化系统。”② 无论是现代科学技术的发展，抑或传播介质的丰富、传播网络的日益繁盛，以汉民族文化为主同时夹杂着西方文化的各类强势文化都在一定程度上消解着少数民族村寨的传统文化，同时也参与到村寨文化现代建构这一复杂而繁琐的综合性过程中。当下，我们常感叹于传统文化在快速的发展中往往被剥离，于是有关传统文化的保护就成为了备受各界关注的焦点性问题。文化保护，无疑是有必要的，但是对于文化保护的态度和方向以

① 赵旭东．从“问题中国”到“理解中国”——作为西方他者的中国乡村研究及其创造性转化．社会科学，2009（2）．

② 肖青．民族村寨文化的现代建构：一个彝族村寨的个案研究．昆明：云南大学出版社，2009．

及如何实施保护却是值得商榷的。在推进城市化的过程中，要么是在重视村寨基础设施和经济发展的时候相对忽视了对村寨传统文化的保护，要么是存在过度开发且以牺牲传统村寨文化生态环境来实现所谓的乡村现代化。在全球化语境下，"民族文化保护"与"民族经济发展"孰轻孰重的争论一直都是一个两难的问题。"发展"并非去迎合他者的所谓立竿见影的行动，而是根基在文化自觉上的内生。村寨传统文化现代建构过程中保护与发展二元关系的积极选择应该是在理性保护的基础上谋求发展。"传统并非是一无所有和一成不变的，正是传统为现代化提供了基础，也正是传统的与时俱进为现代化提供了内在的精神动力。"① 社会传播网络在村寨的发展，必然会受到来自传播者的主观影响。作为工具，它有可能破坏民族村寨文化的原始形态，使其失去本身的内涵。但另一方面，正是因为借助立体的社会传播网络，才有了外来信息对原生态文化的刺激与作用。这些沿着社会传播网络进入的各类信息，在一定程度上也让村寨传统文化获得了不断更新和日益强大的适应能力。

在中国当下的村落，"农民"角色的内涵已经开始发生了迁移。曾经简单且一元的农民结构今天已经分解成了多元的结构层次。不同层次的农村受众群体对于经由社会传播网络各个渠道传递出来的信息以及内容的态度开始有了不同的对待方式。民族村寨文化所面临的冲击中，来自社会传播网络，尤其是来自大众传媒的影响毋庸置疑是巨大而持久的。我们需要去调整和平衡面对外来信息时该持有的姿态，同时也需要去正视和思考面对冲击所应有的保护策略。惶恐与不安，在最初面临全方位信息冲击时或许是主流心态，但经过这么长一段时间的适应和调整，我们更应该思考如何与之共处以及如何发挥自己的优势主动向外界发出自己的声音。

文化是有着多种模式和可能的，它不是单数，而是复数。这里的复数可以有两种解读：一是存在多种文化形态的必然；二是通过多种文化的相互影响与渗透，不同文化的内核是存在逐渐演变和重构的可能的。潘英海认为"我们常常不自觉地认为一个社会文化的形成与发展、创新与繁衍是由构成大传统的精英文化所主导，而忽略了小传统形成与异常是主流文化与地方文化接触过程中'再创

① 杨文炯．互动、调适与重构．北京：民族出版社，2007.

造’的合成文化”。① 当原有的文化模式遭遇到新文化模式的挑战，两种文化模式之间就会在互相接触的过程中产生冲突。一般而言，文化冲突是指“某一时期、某一民族占主导地位的文化模式或文化精神由于不再有效地规范社会和个体的行为而陷入了危机，同时新的文化特质开始出现并遇到了旧文化模式或文化精神的排斥和抵抗，于是新旧文化模式或文化精神之间展开的对抗。”② 文化冲突是文化内在矛盾的展开和解决，也是文化发展的根本动力。不同的矛盾力量之间相互比较和碰撞，最终完成了文化的选择和整合，这个时候，矛盾得以解决，而文化也将随之发展。在一定程度上，民族村寨文化与外来文化发生的冲突是民族村寨成员具有共同归属感的表现，通过它能够凝成超出个人目标和利益的群体目标和利益。本尼迪克特也曾指出，当面临根本性冲突的情况下往往会出现整合现象，这无疑能增强少数民族村寨内部成员之间的凝聚力，提高村寨文化的吸引力。因此，在少数民族村寨文化的现代建构过程中，借由人际传播、组织传播和大众传播构筑起来的网络为传统文化的重构和重塑提供了极为丰富的外部信息环境。同时，冲突和融合也在这个过程中交替存在和互相转化，最终带来民族村寨文化的变迁和现代性建构。文化影响着各种形式的传播活动，同时文化也渗透在各种形式的传播活动之中。不同的传播方式可以成为我们深入认识和理解一个社区的分析工具。王铭铭在反思中国乡村研究时曾提出两个问题：“其一，怎样使空间上有限的社区调查，与时间和空间广阔的国家与社会关系史勾连起来？其二，这样的时间与空间的勾连，怎样既避免三四十年代社区民族志的‘无时间性’又避免社会达尔文主义的‘宏大历史叙事’的‘无地方感’”？③ 这提醒我们在研究一个苗族村寨文化的现代建构与社会传播网络之间的关联时，既要关注当下存在的横向空间，还要去关注建立一个纵向的历史变迁维度。在岜沙苗寨，从历史最为悠久的火塘、芦笙堂到新近出现的电视、手机，不同历史、不同介质的沟通方式相互影响，共同构成了今天村寨最为完整的社会传播网络。英国学者波兰尼强调，一种文化变迁，包括社会灾难，“首先是一种文化现象而不是经济

① 潘英海．文化合成与合成文化——头社村太祖年度祭仪的文化意涵．台湾与福建社会文化研究论文集，1994.

② 李庆霞．社会转型中文化冲突．哈尔滨：黑龙江人民出版社，2004.

③ 王铭铭．社会人类学与中国研究．桂林：广西师范大学出版社，2005.

现象，是不能通过收入数据和人口统计来衡量的……导致退化和沦落的原因并非像通常假定的那样是由于经济上的剥削，而是被牺牲者文化环境的解体”。① 随着邑沙苗寨村民收入的日渐提高以及越来越立体的社会传播网络在村寨内的建立，庞杂的外部信息和文化因子也将更为密集地进入村民的日常生活，并潜移默化地影响到人们的思想观念和行为方式。法国遗传学家阿尔贝·雅卡尔曾说：“社会的真正变迁往往是循序渐进的，各种缓慢的小的变化最终导致了社会的重大变革。由于没有发生任何‘零星’的事件，因此这些引起变化的信息未被察觉到。有一天，我们突然惊奇地发现，没有任何人为的因素，先是这一领域接着又是那个领域发生了变化”。②

少数民族村寨文化对于维护民族地区乡村社会的稳定和和谐具有重要的作用。当社会传播网络以立体的态势渐次展开对民族村寨传统文化全方位的渗透与影响时，社会传播网络与民族村寨文化的现代建构问题就开始引起了人们的关注和思考。现代生活方式以及文化对于传统而言并非必然的相互排斥。纳日碧力戈提出，“并不是一存在社会互动和社会接受，就会导致民族特征的丧失”。③ 现实场景也让我们看到，对于某个民族而言，在信息传播日益频繁的影响下，其民族意识往往会更加鲜明地体现出来。顾肇基指出，民族意识乃是该民族与其他民族共存、交往和比较中自我反馈的产物。如果没有通过与其他民族作比较，没有产生反馈效应，是很难取得对自己民族的现实意识的。④ 正是在包括文化传播在内的诸多社会交往过程中，民族意识才得以产生及强化。外来文化通过不同传播形态的持续推动，一方面加速了民族村寨传统文化的变迁，另一方面也在一定程度上强化了以保护和发展本民族文化为目的的积极行为。梁启超曾说过“何为民族意识，谓对他而自觉为我”。民族村寨在回应外来信息传播的过程中，既会出现非理性框架下的功利选择，也存在理性框架下的民族文化现代建构。

殖民主义时期以来的“西方即发展，发展即文明”的逻辑，阻碍了文化的交流。“发展”这一概念，实际上只不过是在特定时空条件下被创造出来的一套

① 扈海鹂．反思乡村文化的走向．中国社会科学院院报，2009（6）．

② 阿尔贝·雅卡尔，科学的空难？——一个遗传学家的困惑．阎雪梅，译．桂林：广西师范大学出版社，2004.

③ 纳日碧力戈．现代背景下的族群建构．昆明：云南教育出版社，2000.

④ 顾肇基．民族意识的若干问题探索．民族研究，1993（4）．

话语体系，知识界需要努力打破这种话语体系，推动多元发展模式的形成与建设。① 在对传统发展理论的各种反思之后，这些研究成果被归纳为新发展主义理论，它有一条基本共识，即发展的幻象已经破灭，后现代的社会变革应当以多元文化主义态度尊重各个民族的文化、历史与世界观，建立基于本土知识的、传统和现代智慧相结合的、人与自然共存的发展模式。中国的乡村自近代以来被塑造成了城市文明的他者，在这种结构性的关系中，乡村及其农民都是需要被表述的对象，这种表述同样含有扶助、替代以及拯救的意涵。从整体而言，如果城市率先接受了西方的现代性观念的话，乡村就将成为这种现代性需要去改造的对象，即他者。如果无法打破或者颠覆这种认识上的结构关系，我们根本无法实现对于乡村社会研究的创造性转化。② 民族村寨文化的价值是毋庸置疑的，其中最为突出的是两个方面。其一是村寨与周围自然环境相互适应所形成的生态遗产，其二是村寨社会内部的文化遗产。无论是传统村寨的组织管理方式，还是各种营造集体归属感的仪式和节庆，这些都是民族村寨最为宝贵的财富。

时光在岜沙苗寨仍然按着古老的轨迹在流逝，外来文化也依旧在不断冲击着生活在大山深处人们。曾经生活在“森林—苗寨—梯田”生态系统中自由自在的岜沙人，一面沿袭着从祖先那儿流传下来的生活方式以及道德规范和秩序，另一方面他们也在面对外界不断渗透进来的各种信息和冲击中适时且适宜地改变着现有的生活。曾经不为外界所知的岜沙苗寨，在旅游开发的大背景下被冠以“中国最后一个枪手部落”，后来，这儿又成为了“中国十大村寨旅游最佳地”。一个个关于村寨称谓的变化，或许正是一个古老文明标本被不断消解和不断商业化的最佳例证。我们该不该阻止这种商业蚕食的进程？我们该如何阻止这种消解？如果这样的消解和同化无法阻止，我们又该以何种努力保留下这一古老文明的标本？

“全球化首先意味着我们生活在有限的世界里，这世界中所有的因素相互作用，自成体系。全球化也表现在思想、时尚、电影、游戏从地球的一个角落传播

① 辛允星．发展的解构学及其困境——与《遭遇发展》的反思性对话．中国农业大学学报（社会科学版），2012（6）．

② 赵旭东．从“问题中国”到“理解中国”——作为西方他者的中国乡村研究及其创造性转化．社会科学，2009（2）．

到另一个角落。全球化有它的不同侧面，它融合和重建的不仅仅是经济，更兼有思维、文化和行为的方式。全球化是变化的因素，它使我们反省自己的传统和行为方式。”① 当下的中国，正处于现代化、全球化力量冲击最为前沿的地带，一个最为重要的事实是，少数民族传统文化赖以生存、延续的传统的封闭格局正逐渐被打破，民族文化随之发生剧烈变迁。这样的变迁中有冲击下的坚守，亦有调整后的重新建构。对经济领域，全球化让我们看到了它巨大的摧毁力，回归到文化领域，它同样具有足以摧毁脆弱文化的强劲势头。但是如果我们可以转换视角看待全球化，它在对传统民族文化带来冲击的同时，也给这些文化领域带来了新的素材。如此看来，全球化则成为了创新的因子。它不但没有否定和销毁传统民族文化自身的特质，反而还能令其朝着前所未有的方向和新的领域拓宽和发展。同理，社会传播网络在全方位介入村寨文化现代建构的过程中，也能成为村寨文化向外延展并扩大影响力的重要途径。

任何文化的存在和发展都离不开自身创新和外来文化的补充这两个至关重要的方面。“只有在与外部文化对接、文化发生碰撞的过程中，经过反思、追问、反省，建立起一个文化价值自我衡量体系，才能够自觉开发、恢复、挖掘、保护长期濒临湮灭的传统文化，学习、吸收具有符合社会发展规律的因素和成分，为自己的文化注入新鲜血液，获得民族发展之动力。”② 在岜沙，我们看到由外部文化传播作用引发的显性和隐性文化变迁正在发生。文化传播无孔不入，并不断地通过各种介质和途径对村寨进行渗透，且改变着村寨文化的主题，同时也在原有传统的基础上建构起一种新的文化结构以及文化模式。在如今全球化的大背景下，民族村寨的文化所面临的问题已经不再是“要不要变”而是“怎样变”。社会传播网络，尤其是以电视为代表的大众媒介正日益介入民族地区经济发展和文化传统的展示。在地方文化身份塑造以及族群与社区认同的建构和维系过程中，社会传播网络具有不可替代的影响力和作用。

多元文化主义不是建立在一个空洞的文化概念之上，对于中华文化或世界文化而言，少数民族传统文化就是它们的一个有机组成部分，它的实质和内涵同样

---

① 魏明德．全球化与中国——一位法国学者谈当代文化交流．北京：商务印书馆，2002.

② 王海飞．文化传播与人口较少民族文化变迁：裕固族30年来文化变迁的民族志阐释．北京：民族出版社，2010.

不应被忽视、被弱化。与此同时，我们知道在所有社会和文化传统中，变迁是常态。文化的均衡稳定是相对的，变化发展才是绝对的。少数民族村寨文化的变迁，基于内部与外部原因的共同作用。村寨内部的变化自然引发文化表现形式的改变；而来自自然环境的变化以及社会文化环境的变迁则会让村寨成员以新的方式作出回应，变迁由此发生。一切事物都处于联系和发展之中。随着村寨的发展、演变，附着于它的少数民族村寨文化也随之发生着变迁。这样的改变既源于村寨内部的发展，也基于外来信息的刺激与交流所引发的联动。

社会传播网络作为一个有力的“推进器”，对民族村寨文化的现代建构不断产生着影响。社会传播网络与民族村寨文化的现代建构之间的关联与互动，需要来自传播学和人类学的学者共同携手去理解和观察。社会传播网络连接着人们的社会生活，它如同我们每个个体所拥有的复杂的神经系统，对于我们今天的社会生活有着极其巨大而深远的影响。编织社会传播网络能力的差异在一定程度上等同于话语权和发展权的差异。社会传播网络将带来社会权力的变化，对于掌握了新的话语权的人，就能参与建构更复杂更高级的传播网络。在大山深处相对闭塞的岜沙苗寨，社会传播网络如同纽带，连接起了人们的日常生活。信息和知识，凭借着不同的传播网络开始源源不断地输入苗寨。一方面，借助社会传播网络，村民们可以接受信息、增进感情，获取知识和经验；另一方面，村民们也凭借社会传播网络所递送过来的各类刺激，不断地交换着彼此的观念，传递着对新事物的理解和感知。在社会传播网络不断演进、变化的过程中，那些日常看来平淡无奇的信息与情感的传递都将作用于村寨里人与人的交往、相处以及人们的观念，或多或少、或隐或显的改变也必将发生。对于今天的岜沙苗寨，村民们的精神生活环境和物质生活环境都处于变化之中。对于这些日常变化的梳理，将有助于我们更好地看清传播网络对村寨发展、村寨文化变迁以及乡村社区现代化的影响的整个脉络和历程。在对岜沙苗寨文化变迁以及社会传播网络进行深度调查的过程中，我也感受到了村寨内部对现实信息刺激已经开始有了自己的文化回应行动。这些努力，将会在岜沙苗寨传统文化的保存和记录方面承载更多的重任。

传统村落是人类文明的根脉，也是农耕文化的精粹。为了完成博士论文，我的田野调查前后共四次，历时 4 个多月。这样的田野作业对于做此类工作的研究者而言实在不足挂齿。但是，4 个月“参与观察”所经历的点滴给了我永生难忘的记忆。小村落，大学问。这个大山深处闭塞的苗族村寨让我看到了有别于繁华都市的另一番人类生活景象。在这个“乡土社会”里，个体生命虽微小，没有声势浩大，也无波澜壮阔，但作为生命的历程，他们同样精彩纷呈。他们用坚毅、质朴和真诚完成对构建“乡土社会”大厦“草根力量”的最佳注释。地球村的时代，传统乡土社会必然面临着空前的冲击。当经济一体化潮流席卷而来之时，文化的多样性承受着巨大的考验。我希望通过对贵州岜沙苗寨的田野调查，在这个个案研究基础上形成对社会传播网络与民族村寨文化现代建构的关联研究。

今天，质朴的岜沙人依旧过着简单清贫的生活，日复一日，年复一年。寨子里用石块铺嵌的小道，人踩牛踏，在岁月的洗磨下，已经变得光滑而圆润。对于被誉为“最后的枪手部落”的岜沙人来说，森林孕育的农耕文化和原汁原味的民族风情正在吸引着越来越多的外来者。传统文化的变异是基于诸多环境的共同变化引发的，如内在环境的改变以及外部刺激的作用，并非简单的概况可以阐释清楚。在社会传播网络多层次且动态交叉的影响下，相比于曾经那个古朴的村落，我们今天看到和触摸到的是一个正在慢慢失去或部分失去原味的岜沙。这是一个在现代文明社会里还没有完全消失的苗族古文明之地，淳朴、和谐的岜沙民风，简单质朴的岜沙村民加之月亮山麓的自然之美，这些叠加在一起，有历史与现实的交错，亦有对于“生活”和“文化”更深层的思考线索。因为资料收集整理的遗漏、现场观察宏观视角的欠缺以及田野作业时间的短暂，本研究还只是对相关问题的粗浅探究，未能细致勾勒出社会传播网络与民族村寨文化现代建构之间更为内核、更为宏观、更为惊心动魄的互动与交叉。这些未尽的研究事项将会成为未来我学术道路的关注焦点，我会不断完善尚待收集和整理的历史与现实资料，再一次进入这片我挚爱的田野，不断提升自己观察和思考的深度与广度，力求对相关问题做出更为有力和有趣的深描。

参 考 文 献

英文部分：

[1] Wolf A. Religion and Ritual in Chinese Society. Stanford, California: Stanford University Press. 1974.

[2] Wolcott F. Ethnography Research in Education. Jaeger R M. Complementary Method for Research in Education, Washington, DC: AERA, 1997.

[3] Aunger R. On ethnography: Storytelling or science. Current Anthropology, Vol. 36, No. 1, 1995.

[4] Chan A, Madsen R & Unger J. Chen village: the recent history of a peasant communist in Mao's Chinese. Berkely: University of Califonia Press, 1984.

[5] Trenholm S. Human Communication Theory, by Prentice Hall, Inc. 1991.

[6] Lull J. The Social Uses of Television. Human Communication Research, 1980.

[7] Leach E. Culture and Communication, Cambridge University Press, 1976.

[8] Fanshen Hinton W. A Documentary of Revolution in a Chinese Village. New York: Random House, 1983.

[9] Duara P. Culture, Power, and the State: Rural North China, 1900-1942, Stanford: Stanford University Press. 1988.

[10] Tylor E B. The Origins of Culture. New York: Harper and Brothers Publishers, 1958.

[11] De Certeau, Michel. On the Oppositional Practices of Everyday Life, Socia Text, 1980 (3)

[12] Lerner D. The Passing of Traditional Society: Modernizing the Middle

East. Glencoe ILL: The Free Press, 1958.

[13] Tahranian M. Communication and Development, in D. Crowley & D. Mitchell (ad.), Communication Theory Today, Stanford University Press, 1994.

[14] Giddens A. The consequences of modernity, Polity Press, 1990.

[15] Lull J. Family Communication Palterns and the Social Users of Television. Communication Research, 1980 (7).

中文部分：

国外译著

[1] 安东尼·吉登斯．现代性的后果．田禾，译．南京：译林出版社，2011.

[2] 阿尔君·阿帕杜莱．消散的现代性：全球化的文化维度．刘冉，译．上海：生活·读书·新知三联书店，2012.

[3] 安东尼·吉登斯．社会学．李康，译．北京：北京大学出版社，2009.

[4] 路易莎．少数的法则．校真，译．贵阳：贵州大学出版社，2009.

[5] 艾尔·巴比．社会研究方法．邱泽奇，译．北京：华夏出版社，2009.

[6] 安·格雷．文化研究：民族志方法与生活文化．许梦云，译．重庆：重庆大学出版社，2009.

[7] 本尼迪克·特安德森．想象的共同体：民族主义的起源于散步．吴叡人，译．上海：上海人民出版社，2005.

[8] 彼得·海斯勒．寻路中国：从乡村到工厂的自驾之旅．李雪顺，译．上海：上海译文出版社，2011.

[9] 本尼迪克特·安德森．比较的幽灵：民族主义、东南亚与世界．甘会斌，译．南京：译林出版社，2012.

[10] 布罗尼斯拉夫·马林诺夫斯基．西太平洋上的航海者．张云江，译．北京：中国社会科学出版社，2009.

[11] 本·海默尔．常生活与文化理论导论．王志宏，译．北京：商务印书馆，2008.

[12] 查尔斯·霍顿·库利．社会过程．洪小良，等，译．北京：华夏出版社，1999.

[13] 戴维·英格利斯. 文化与日常生活. 张秋月，周雷亚，译. 北京：中央编译出版社，2009.

[14] 戴维·赫尔德，安东尼·麦克格鲁. 全球化理论研究路径与理论论争. 王生才，译. 北京：社会科学文献出版社，2009.

[15] 大卫·费特曼. 民族志：步步深入. 龚建华，译. 重庆：重庆大学出版社，2007.

[16] 杜赞奇. 从民族国家拯救历史：民族主义话语与中国现代史研究. 王宪明，译. 南京：江苏人民出版社，2010.

[17] 杜赞奇. 文化、权力与国家——1900—1942 年的华北农村. 王福明，译. 南京：江苏人民出版社，1996.

[18] 爱德华·W. 萨义德. 东方学. 王宇根，译. 上海：生活·读书·新知三联书店，1999.

[19] 爱德华·W. 萨义德. 报道伊斯兰. 阎纪宇，译. 上海：上海译文出版社，2009.

[20] 埃弗雷特·M. 罗杰斯. 创新的扩散. 辛欣，郑颖，译. 北京：中央编译出版社，2002.

[21] 费·金斯伯格，里拉·阿布-卢赫德，布莱恩·拉金. 媒体世界：人类学的新领域. 丁惠民，译. 北京：商务印书馆，2015.

[22] 弗朗西斯·福山. 国家建构——21 世纪的国家治理与世界秩序. 黄胜强，许铭原，译. 北京：中国社会科学出版社，2007.

[23] 菲利普·鲍尔. 预知社会——群体行为的内在法则. 暴永宁，译. 北京：当代中国出版社，2010.

[24] 斐迪南·滕尼斯. 共同体与社会. 林荣远，译. 北京：商务印书馆，1999 年.

[25] 格罗塞. 身份认同的困境. 王鲲，译. 北京：社会科学文献出版社，2010.

[26] 哈罗德·伊尼斯. 传播的偏向. 何道宽，译. 北京：中国人民大学出版社，2003.

[27] 哈贝马斯. 公共领域的结构转型. 曹卫东，等，译. 上海：学林出版社，1999.

[28] 哈拉尔德·韦尔策. 社会记忆：历史、回忆、传承. 季斌，等，译. 北京：北京大学出版社，2007.

[29] 赫伯特·马尔库斯. 单向度的人. 刘继，译. 上海：上海译文出版社，2008.

[30] 赫尔曼·鲍辛格. 技术世界中的民间文化. 户晓辉，译. 桂林：广西师范大学出版社，2014.

[31] 赫伯特·甘斯. 什么在决定新闻. 石琳，李洪涛，译. 北京：北京大学出版社，2009.

[32] 哈耶克. 通往奴役之路. 王明毅，等，译. 北京：中国社会科学出版社，1997.

[33] 吉尔伯特·罗兹曼. 中国的现代化. 国家社会科学基金“比较现代化”课题组，译. 南京：江苏人民出版社，2003.

[34] 柯克·约翰逊. 电视与乡村社会变迁——对印度两乡村的民族志调查. 展明辉，张金玺，译. 北京：中国人民大学出版社，2005.

[35] 克利福德·格尔茨. 文化的解释. 韩莉，译. 南京：译林出版社，2008.

[36] 克利福德·格尔茨. 追寻事实：两个国家、四个十年、一位人类学家. 林经纬，译. 北京：北京大学出版社，2011.

[37] 康拉德·科塔克. 远逝的天堂：一个巴西小社区的全球化. 张经纬，等，译. 北京：北京大学出版社，2012.

[38] 克劳德·列维-施特劳斯. 结构人类学——巫术·宗教·艺术·神话. 陆晓禾，等，译. 北京：文化艺术出版社，1989.

[39] 克洛德·列维-施特劳斯. 忧郁的热带. 王志明，译. 北京：中国人民大学出版社，2009.

[40] 科林·斯巴克斯. 全球化、社会发展与大众媒体. 刘舸，常怡如，译. 北京：社会科学文献出版社，2009.

[41] 莱斯莉·A. 巴克斯特，唐·O. 布雷思韦特. 人际传播：多元视角之下. 殷晓蓉，等，译. 上海：上海译文出版社，2010.

[42] 拉德克利夫-布朗. 安达曼岛人. 梁粤，译. 桂林：广西师范大学出版社，2005.

[43] 理查德·威尔金森，凯特·皮克特．不平等的痛苦：收入差距如何导致社会问题．安鹏，译．北京：新华出版社，2010.

[44] 赖特·米尔斯．社会学的想象力．陈强，张永强，译．上海：生活·读书·新知三联书店，2001.

[45] 罗杰·西尔弗斯通．电视与日常生活．陶庆梅，译．南京：江苏人民出版社，2004.

[46] 罗伯特·帕特南．独自打保龄：美国社区的衰落与复兴．刘波等，译．北京：北京大学出版社，2011.

[47] 罗伯特·埃默森，雷切尔·弗雷兹，琳达·肖．如何做田野笔记．符裕，何珉，译．上海：上海译林出版社，2012.

[48] 麦克·布洛维．公共社会学．沈原，等，译．北京：社会科学文献出版社，2007.

[49] 马克思·韦伯．新教伦理与资本主义精神．康乐，简惠美，译．桂林：广西师范大学出版社，2010.

[50] 马克·吉布森．文化与权力：文化研究史．王加为，译．北京：北京大学出版社，2012.

[51] 米歇尔·福柯．知识考古学．谢强，马月，译．上海：生活·读书·新知三联书店，1998.

[52] 玛利亚·海默，曹诗弟．在中国做田野调查．于忠江，赵晗，译．重庆：重庆大学出版社，2012.

[53] 欧文·戈夫曼．日常生活中的自我呈现．冯钢，译．北京：北京大学出版社，2008.

[54] 彼得斯．交流的无奈——传播思想史．何道宽，译．北京：华夏出版社，2003.

[55] 塞缪尔·亨廷顿．文明的冲突与世界秩序的重建．周琪，等，译．北京：新华出版社，2009.

[56] 托马斯·许兰德·埃里克森．小地方、大论题——社会文化人类学导论．董薇，译．北京：商务印书馆，2008.

[57] 威尔·金里卡．少数的权利：民族主义、多元文化主义和公民．邓红风，

译．上海：上海世纪出版集团，2006.

［58］约瑟夫·A. 德维托．人际传播教程．余瑞祥，等，译．北京：中国人民大学出版社，2010.

［59］詹姆斯·克利福德，乔治·E. 马库斯．写文化——民族志的诗学与政治学．高丙中，吴晓黎，李霞，等，译．北京：商务印书馆，2006.

［60］詹姆斯·C. 斯科特．弱者的武器．郑广怀，等，译．南京：译林出版社，2011.

［61］詹姆斯·皮科克．人类学透镜．汪丽华，译．北京：北京大学出版社，2009.

国内论著

［1］成伯清．走出现代性——当代西方社会学理论的重新定向．北京：社会科学文献出版社，2006.

［2］从江文化绘图项目组．从江档案．贵阳：贵州人民出版社，2013.

［3］陈龙．传媒文化研究．北京：中国人民大学出版社，2008.

［4］戴庆中，王良范，等．边界漂移的乡土．北京：中国社会科学出版社，2008.

［5］费孝通．乡土中国．北京：人民出版社，2008.

［6］费孝通．江村经济．上海：上海人民出版社，2007.

［7］方铁，何星亮主编．民族文化与全球化．北京：民族出版社，2005.

［8］方晓红．大众传媒与农村．北京：中华书局，2002.

［9］方李莉．梭戛日记：一个女人类学家在苗寨的考察．北京：学苑出版社，2009.

［10］郭建斌．独乡电视．济南：山东人民出版社，2005.

［11］郭建斌．文化适应于传播．昆明：云南大学出版社，2007.

［12］高丙中．现代化与民族生活方式的变迁．天津：天津人民出版社，1997.

［13］郭于华．仪式与社会变迁．北京：社会科学文献出版社，2000.

［14］高红波．中国 IPTV 城乡传播体系建构研究．北京：中国书籍出版社，2012.

［15］胡河宁．组织传播学：结构与关系的象征性互动．北京：北京大学出版

社，2010.
[16] 黄宗智．华北的小农经济与社会变迁．北京：中华书局，2000.
[17] 贺雪峰．新乡土中国．桂林；广西师范大学出版社，2003.
[18] 贺雪峰．乡村社会关键词：进入21世纪的中国乡村素描．济南：山东人民出版社，2010.
[19] 黄泽．神圣的解构——民族文化研究的多维审视．桂林：广西教育出版社，1998.
[20] 黄宗智主编．中国乡村研究（第一辑）．北京：商务印书馆，2003.
[21] 蒋原伦．传统的界限——符号、话语与民族文化．北京：北京师范大学出版社，1998.
[22] 康敏．“习以为常”之蔽：一个马来村庄日常生活的民族志．北京：北京大学出版社，2009.
[23] 李金铨．超越西方霸权：传媒与“文化中国”的现代性．香港：牛津大学出版社，2004.
[24] 李岩．传播与文化．杭州：浙江大学出版社，2009.
[25] 罗家德．社会网络分析讲义．北京：社会科学文献出版社，2005.
[26] 林聚任．社会网络分析：理论、方法与应用．北京：北京师范大学出版社，2009.
[27] 李霞．电视与彝民生活．成都：四川大学出版社，2007.
[28] 梁漱溟．中国文化要义．上海：上海人民出版社，2011.
[29] 李岩．媒介批评：立场、范畴、命题、方式．杭州：浙江大学出版社，2005.
[30] 梁鸿．出梁庄记．广州：花城出版集团，2012.
[31] 蓝东兴．贵州少数民族口述传播史研究．北京：民族出版社，2010.
[32] 李培林．村落的终结——羊城村的故事．北京：商务印书馆，2004.
[33] 林耀华．金翼——中国家族制度的社会学研究．上海：生活·读书·新知三联书店，1989.
[34] 刘鸿武，段炳昌，李子贤．中国少数民族文化简史，昆明：云南人民出版社，1996.

［35］刘娅．解体与重构——现代化进程中的“国家—乡村社会”．北京：中国社会科学出版社，2004.
［36］李书磊．村落中的“国家”——文化变迁中的乡村学校．杭州：浙江人民出版社，1999.
［37］刘晓春．仪式与象征的秩序——一个客家村落的历史、权力与记忆．北京：商务印书馆，2003.
［38］纳日碧力戈．现代背景下的族群建构．昆明：云南教育出版社，2000.
［39］彭兆荣等．边际族群：远离帝国庇护的客人．合肥：黄山书社，2006.
［40］王海飞．文化传播与人口较少民族文化变迁：裕固族30年来文化变迁的民族志阐释．北京：民族出版社，2010.
［41］彭兆荣文，潘年英摄影．摆贝：一个西南边地的苗族村寨．上海：生活·读书·新知三联书店，2004.
［42］钱理群，刘铁芳．乡土中国与乡村教育．福州：福建教育出版社，2008.
［43］孙立平．断裂：20世纪90年代以来的中国社会．北京：社会科学文献出版社，2003.
［44］孙秋云．电视传播与乡村村民日常生活方式的变革．北京：人民出版社，2014.
［45］邵培仁，杨丽萍．媒介地理学：媒介作为文化图景的研究．北京：中国传媒大学出版社，2010.
［46］佟冬霞．客观文化、主观认同与民族意识：对湖南维吾尔族的调查与分析．北京：中央民族大学出版社，2011.
［47］汤芸．以山川为盟：黔中文化接触中的地景、传闻与历史感．北京：民族出版社，2008.
［48］吴飞．火塘教堂电视——一个少数民族社区的社会传播网络研究．北京：光明日报出版社，2008.
［49］王铭铭．走在乡土上：历史人类学札记．北京：中国人民大学出版社，2003.
［50］王铭铭．西方人类学思潮十讲．桂林：广西师范大学出版社，2005.
［51］王学文．规束与共享：一个水族村寨的生活文化考察．北京：民族出版

社，2010.
[52] 魏然，周树华，罗文辉．媒介效果与社会变迁．北京：中国人民大学出版社，2015.
[53] 吴秋林．图像文化人类学．北京：民族出版社，2010.
[54] 王铭铭，王斯福．乡土社会的秩序、公正与权威．北京：中国政法大学出版社，1997.
[55] 王铭铭．社会人类学与中国研究．上海：生活·读书·新知三联书店，1997.
[56] 吴毅．村治变迁中的权威与秩序——20世纪川东村的表述．北京：中国社会科学出版社，2002.
[57] 伍小涛．建构与认同：新中国民族工作研究——以贵州省为例（1949—1956年）．北京：民族出版社，2010.
[58] 谢立中．理解民族关系的新思路：少数族群问题的去政治化．北京：社会科学文献出版社，2010.
[59] 熊培云．一个村庄里的中国．北京：新星出版社，2011.
[60] 肖青．民族村寨文化的现代建构：一个彝族村寨的个案研究．昆明：云南大学出版社，2009.
[61] 薛亚利．村庄里的闲话意义、功能和权力．上海：上海书店出版社，2009.
[62] 余未人．千年古风：岜沙苗寨纪事．高兵，等，摄．石家庄：河北教育出版社，2003.
[63] 岳广鹏．冲击·适应·重塑：网络与少数民族文化．北京：中央民族大学出版社，2010.
[64] 姚君喜．社会转型传播学．上海：上海交通大学出版社，2008.
[65] 阎海军．崖边报告：乡土中国的裂变记录．北京，北京大学出版社，2015.
[66] 尤游．大众传媒在农村社区的角色变迁：湘中S村的个案阐释．上海：上海交通大学出版社，2011.
[67] 于建嵘．岳村政治：转型期中国乡村政治结构的变迁，北京：商务印书馆，2001.
[68] 赵旭东．本土异域间．北京：北京大学出版社，2011.

[69] 翟学伟．中国人的关系原理：时空秩序、生活欲念及其流变．北京：北京大学出版社，2011.

[70] 周星．乡土生活的逻辑：人类学视野中的民俗研究．北京：北京大学出版社，2011.

[71] 庄晓东等著．网络传播与云南少数民族文化的现代建构．北京：科学出版社，2010.

期刊及学位论文

[1] 卜长莉．“差序格局”的理论诠释及现代内涵．社会学研究，2003（1）.

[2] 成伯清．全球化与现代性的关系之辩——从地方性的角度看．中国人民大学复印报刊资料社会学，2005（7）.

[3] 陈力丹．论人际关系与人际传播．国际新闻界，2005（3）.

[4] 曹海林．乡村社会变迁中的村落公共空间．中国农村观察，2005（6）.

[5] 陈建樾．“台湾村”：一个移民村落的想象、构建与认同——河南邓州高山族村落田野调查报．民族研究，2005（5）.

[6] 陈新民，王旭升．电视的普及与村落“饭市”的衰落——对古坡大坪村的田野调查．国际新闻界，2009（4）.

[7] 陈旭．文化民族主义与民族文化自觉之辩．东北师大学报（哲学社会科学版），2015（1）.

[8] 蔡琪，常燕荣．文化与传播——论民族志传播的理论与方法．新闻与传播研究，2002（3）.

[9] 费孝通．文化自觉 和而不同．民俗研究，2000（3）.

[10] 费孝通．简述我的民族经历和思考．北京大学学报，1997（2）.

[11] 方李莉．“文化自觉”与中国文化价值体系的重建．民族艺术，2002（4）.

[12] 方晓红．大众媒介与苏南农村文化生活关系研究．当代传播，2004（4）.

[13] 范红霞．社会网络的关系流动和价值变迁．浙江传媒学院学报，2012（2）.

[14] 冯广圣．桂东南新农村试点村受众媒介接触与使用考察．玉林师范学院学报，2010（4）.

[15] 郭建斌．传媒与乡村社会：中国大陆20年研究的回顾、评价与思考．现代传播，2003（3）.

[16] 郭建斌．云南民族地区传播调查引出的思考．云南社会科学（增刊），1999.
[17] 高文盛，席嘉．资源辨析：社会网视角中的关系网——关系网研究扫描．中南民族大学学报（人文社会科学版），2002（4）.
[18] 高永久，朱军．论多民族国家中的民族认同与国家认同．民族研究，2010（2）.
[19] 陆晔，潘忠党．成名的想象：中国社会转型过程中新闻从业者的专业主义话语建构．新闻学研究，2002（4）.
[20] 李春霞．地方性知识的建构与变迁．西南民族大学学报（人文社科版），2005（7）.
[21] 刘博．精英历史变迁与乡村文化断裂——对乡村精英身份地位的历史考察与现实思考．青年研究，2008（4）.
[22] 刘朝晖．乡土社会的民间新颖与族群互动：来自田野的调查与思考．广西民族学院学报（哲学社会科学版），2001（5）.
[23] 麻国庆．全球化：文化的生产与文化认同——族群、地方社会与跨国文化圈．北京大学学报，2000（4）.
[24] 强月新，张明新．从“使用与满足论”视角看我国农村受众的电视收看动机．现代传播，2007（5）.
[25] 热纳托·罗萨尔多．从他的帐篷的门口：田野工作者与审讯者．高丙中，译．思想战线，2005（3）.
[26] 石义彬，单波．20 世界西方新闻与大众传播理论概观．国外社会科学，2000（4）.
[27] 石长顺，方雪琴．电视收视语境与文本基准意义的重构——评戴维·莫利的民族志受众研究．当代传播，2005（6）.
[28] 申端锋．电视下乡：大众媒介与乡村社会相关性的实证研究．华中科技大学学报（社会科学版），2008（6）.
[29] 石朝江．苗族历史上的五次迁徙波．贵州民族研究，1995（1）.
[30] 邵培仁．地方的体温：媒介地理要素的社会建构与文化记忆．徐州师范大学学报（哲学社会科学版），2010（5）.

［31］孙信茹，孙星星．媒介在场·媒介逻辑·媒介意义——民族传播研究的取向和进路．新闻与传播研究，2012（5）．
［32］童兵．让每个社会成员分享媒介化社会成果．新闻与写作，2006（1）．
［33］谭华．大众传媒在少数民族地区农村政治生活中的作用．东南传播，2007（10）．
［34］陶鹤山．论中国近代社会传播网络的拓展．南京社会科学，1998（12）．
［35］吴飞．一种新视野：社会传播网络分析——传播学研究新进路．中国人民大学学报，2007（4）．
［36］吴飞，黄超．软实力传播的类型学分析．新闻大学，2013（1）．
［37］王铭铭．远方文化的迷——民族志与实验民族志．西北民族研究，1996（2）．
［38］王铭铭．教育空间的现代性与民间观念——闽台三村初等教育的历史轨迹．社会学研究，1999（6）．
［39］王玲宁，张国良．我国农村受众媒介接触行为调查分析．新闻记者，2003（11）．
［40］王怡红．西方人际传播定义辨析．新闻与传播研究，1996（4）．
［41］徐琦．“社会网”理论述评．社会，2000（8）．
［42］肖青，李宇峰．民族村寨文化的理论架构．云南师范大学学报（哲学社会科学版），2008（1）．
［43］周晓红．试论当代中国青年文化的反哺意义．青年研究，1998（11）．
［44］朱世昭．农村社区意见领袖研究．现代交际，2010（3）．
［45］张文宏等．天津农村居民的社会网．社会学研究，1999（2）．
［46］展江．哈贝马斯的“公共领域”理论与传媒．中国青年政治学院学报，2002（2）．
［47］朱凌飞，孙信茹．走进“虚拟田野”——互联网与民族志调查．社会，2004（9）．
［48］周军．当代中国乡村文化变迁的因素分析及路径选择．中央民族大学学报，2011（2）．
［49］周真刚．近二十年来贵州少数民族村寨聚落研究综述．贵州民族研究，

2012（1）.

［50］丁惠民．边地乡村能人地位的获得——云南省勐海县坝散村的个案分析．云南大学，2005.

［51］戴俊潭．电视传播与转型期中国农民的意识现代化．复旦大学，2004.

［52］洪长晖．电视与乡村日常生活——基于长安村的民族志调查．厦门大学，2008.

［53］李春霞．电视与中国彝民生活．四川大学，2005.

［54］李淼．论云南少数民族题材电影中的边疆想象、民族认同与文化建构．上海大学，2013.

［55］李洁．传播技术与共同体：文化的视角——从英尼斯到麦克卢汉．复旦大学，2007.

［56］王旭升．电视与西北乡村社会日常生活——对古坡大坪村的民族志调查．兰州大学，2009.

［57］张斌．大众传媒与少数民族乡村政治生活——对湘黔桂毗邻边区三个民族村寨的民族志调查与阐释．华中科技大学，2012.

［58］张晓佳．女性经验对民族志文本生产的影响途径研究．复旦大学，2012.

［59］周军．中国现代化进程中乡村文化的变化及其建构问题研究．吉林大学，2010.

［60］张丕万．电视与柳村的日常生活．武汉大学，2011.

附录　邑沙村民媒介接触及使用情况调查问卷

亲爱的朋友，您好！

很感谢您能接受这次问卷调查。这次问卷调查的目的是想了解邑沙村民在看电视时的主要动机和媒介使用的具体情况。这次调查所得到的数据将用于学术研究，没有任何商业或政治目的。您的回答没有正确与错误之分，只需要按照您的真实情况回答即可。我将对每一位调查对象的所有回答予以保密，请您不必顾虑。

谢谢您的支持与合作！

填表说明

1. 请在每一个问题后的答案中选择适合自己实际情况的选项。
2. 若无特殊说明，每一个问题只能选择一个答案。
3. 填写问卷时，请不要受他人影响，独立填写或回答相关问题。

一、您的个人基本情况

1. 您的性别是

（1）男性　　（2）女性

2. 您的年龄是

（1）12~20 岁　　（2）21 岁~30 岁　　（3）31 岁~40 岁

（4）41~50 岁　　（5）51~60 岁　　（6）61 岁以上

3. 您的文化程度是：

（1）不识字　　（2）小学　　（3）初中

（4）高中或中专　　（5）大专　　（6）大学本科及本科以上

4. 您现在的职业是：

（1）乡镇干部　　（2）公务员　　（3）教师

（4）学生　　（5）个体经营者　　（6）农民或普通群众

（7）其他（请具体填写）＿＿＿＿＿＿＿＿

5. 您的婚姻状况：

（1）未婚　　（2）已婚　　（3）离异

（4）丧偶

6. 您的月收入大概是多少？

（1）无收入　　（2）500元以下　　（3）500~1000元

（4）1000~2000元　　（5）2000元以上

二、媒介接触及使用情况

（一）总体情况

7. 您家里拥有的媒介有哪些？（可多选）

（1）电视　　（2）收音机　　（3）电脑

（4）报纸　　（5）杂志　　（6）手机

8. 以下媒介，请您选出最常使用的前两项：

（1）电视　　（2）手机　　（3）电脑

（4）收音机　　（5）报纸　　（6）杂志

9. 您使用这些媒介的目的是什么？（可多选）

（1）获取新闻　　（2）休闲娱乐　　（3）学习新知识

（4）工作需要　　（5）其他（请具体填写）＿＿＿＿＿＿＿＿

10. 您对于外面世界以及外界信息的了解，主要来自那些媒介？（可多选）

（1）电视　　（2）手机　　（3）电脑

（4）报纸　　（5）杂志

（6）其他（请具体填写）＿＿＿＿＿＿＿＿

11. 您认为经常使用的这些媒介对您的生活影响大吗？

（1）很大　　（2）一般　　（3）基本没影响

12. 您认为经常使用的这些媒介最大的作用是什么？（可多选）

（1）获取信息，了解社会动态

（2）工作学习需要　　（3）休闲娱乐　　（4）沟通交流

（5）其他（请具体填写）＿＿＿＿＿＿＿＿

13. 您认为经常使用的这些媒介能帮助您解决现实生活中遇到的各类问题吗？

（1）能　　（2）不能

14. 遇到难以解决的实际问题时，您是否会主动利用或求助于媒介？

（1）积极求助　　（2）较少求助　　（3）从未求助

15. 您了解国家政策及各类信息的媒介通道主要是哪些？（可多选）

（1）电视　　（2）手机　　（3）电脑

（4）报纸杂志　　（5）其他（请具体填写）＿＿＿＿＿＿＿＿

16. 闲暇时您做些什么？（可多选）

（1）和家人在一起　　（2）串门聊天　　（3）参加村里的集体活动

（4）看电视　　（5）读书看报

（6）其他（请具体填写）＿＿＿＿＿＿＿＿

（二）手机媒体使用情况

17. 您现在使用的手机，价位大概是多少？

（1）500 元以内　　（2）500~1000 元　　（3）1000~2000 元

（4）2000 以上

18. 最近这段时间，您每个月的手机话费大约是多少？

（1）30 元以内　　（2）30~50 元　　（3）50~100 元

（4）100~150 元　　（5）150~200 元　　（6）200 元以上

19. 您会用手机发短信吗？

（1）会　　（2）不会

20. 对于您而言，手机的最大用途是（可多选）：

（1）打电话，发短信　　（2）上网，浏览网页　　（3）听音乐

（4）看电子书　　（5）QQ 聊天　　（6）发微博

（7）其他（请具体填写）＿＿＿＿＿＿＿＿

21. 在使用手机之前，您最常使用的通讯方式是：

（1）自己直接去找需要联络的人

（2）托人带话　　　　（3）写信

（4）其他（请具体填写）__________________

22. 您使用手机时，最经常通话的人是：

（1）家里人　　　　（2）好朋友或同学　　　　（3）恋人

（4）有工作关系的人　　（5）其他（请具体填写）__________________

23. 您的手机经常接到的短信有（可多选）：

（1）亲朋好友的信息　　（2）新闻　　　　（3）商业广告

（4）科技信息　　　　（5）垃圾信息

24. 在您收到的手机短信中，您最关注的是哪一类信息？

（1）日常亲友间的联系　　（2）天气预报　　　　（3）新闻信息

（4）娱乐信息　　　　（5）其他（请具体填写）__________________

25. 您认为使用手机最大的好处是：

（1）携带方便　　　　（2）功能齐全　　　　（3）及时快捷

（4）其他（请具体填写）__________________

26. 使用手机以后，您和家人的关系有什么变化？

（1）更加紧密　　　　（2）没有变化　　　　（3）变得更疏远

27. 手机的使用对你和寨子里朋友们见面的次数有什么影响？

（1）见面次数明显减少　（2）见面次数不受影响　（3）见面次数减少不多

28. 您认为使用手机和面对面交流哪一种方式更加亲切？

（1）面对面交流更亲切　（2）手机交流更亲切　　（3）两种方式没有区别

29. 逢年过节，您会用手机给家人送去问候的信息吗？

（1）会　　　　（2）不会

30. 对于您而言，手机是否已经成为了生活必需品？

（1）是　　　　（2）不是

（三）电视媒体使用情况

31. 一天中，您常在哪个时间打开电视？（可多选）

（1）早上　　　　（2）中午　　　　（3）下午

（4）晚饭后

32. 您每天看电视的时间大概有多长？

（1）1 小时以下　（2）1~3 小时　（3）3~6 小时

（4）6 小时以上

33. 您喜欢看什么类型的电视节目？（可多选）

（1）新闻类节目　（2）娱乐类节目（影视剧、综艺节目或晚会）

（3）体育类节目　（4）军事类节目

（5）财经类节目　（6）科技知识类节目

（7）广告类节目　（8）其他（请具体填写）＿＿＿＿＿＿＿＿

34. 您看电视最主要的原因是：

（1）娱乐消遣　（2）获得信息或学习各类知识

（3）闲得无聊，打发时间

35. 您认为看电视对您最大的帮助是什么？

（1）了解国内外大事　（2）消遣娱乐，打发时光

（3）学习到各类农业知识

36. 关于电视，以下观点您非常同意的是哪一项？

（1）电视的普及改变了人们的生活习惯

（2）电视对人们的日常生活很有帮助

（3）电视丰富了人们的业余生活

（4）看电视让人们有了更多交谈的话题

（5）看电视占用了太多时间，影响到了正常的生活

37. 电视广告对您购买商品时有多大的影响？

（1）非常大　（2）比较大

（3）比较小　（4）没有影响

38. 电视对你购买行为的影响：

A. 在选择日常用品时，电视对您的购买行为有怎样的影响？

（1）影响很大　（2）影响较大

（3）影响很小　（4）没有影响

B. 在选择衣物时，电视对您的购买行为有怎样的影响？

（1）影响很大　（2）影响较大

（3）影响很小　　（4）没有影响

C. 在选择食品时，电视对您的购买行为有怎样的影响？

（1）影响很大　　（2）影响较大

（3）影响很小　　（4）没有影响

D. 在选择家电产品时，电视对您的购买行为有怎样的影响？

（1）影响很大　　（2）影响较大

（3）影响很小　　（4）没有影响

E. 在选择农作物（如化肥、种子等）时，电视对您的购买行为有怎样的影响？

（1）影响很大　　（2）影响较大

（3）影响很小　　（4）没有影响

F. 在选择摩托车或农业机械时，电视对您的购买行为有怎样的影响？

（1）影响很大　　（2）影响较大

（3）影响很小　　（4）没有影响

39. 您如何看待电视上的各类广告宣传？

（1）过于夸大，华而不实

（2）基本能做到实事求是，不夸大

（3）说不清楚

40. 您在电视上看到过有关本民族文化的信息主要有哪些方面？（可多选）

（1）民族服饰　　（2）民族歌舞　　（3）民族节日

（4）民族风俗　　（5）民族建筑

（6）其他（请具体填写）____________________

41. 您认为电视有助于让其他人了解岜沙以及岜沙的生活吗？

（1）有帮助　　（2）说不清　　（3）没有帮助

42. 当电视进入岜沙苗寨后，您认为村寨里有没有明显的变化？

（1）有明显变化　　（2）有一些变化　　（3）没有变化

（4）说不清楚

43. 电视上报道的有关岜沙苗寨的各类信息，您认为比现实生活中更完美吗？

（1）更完美　　（2）基本一致　　（3）说不清楚

44. 您认为电视媒体对邑沙苗寨的各类信息进行报道，作用在于（请选择最主要的两项）

（1）可以让更多的人了解邑沙苗寨和这儿的生活

（2）可以提高邑沙苗寨的知名度，扩大邑沙苗寨的影响

（3）可以吸引更多的游客来邑沙，有助于发展邑沙的旅游业

（4）可以带动邑沙的经济发展

（5）可以提升邑沙人的自信心和自豪感

（6）其他（请具体填写）＿＿＿＿＿＿＿＿＿＿

后　记

本书是在我博士论文的基础上加以修改和完善而成的。回望来路，对我而言，书稿的写作过程如同孕育一个新生命的历程，憧憬、焦虑、困惑、欣喜，各种滋味掺杂其间。

我从西南小城走出来，经历了重庆读本科、北京读研和浙江读博的求学之路，这期间我自大学本科毕业后就一直在贵州大学工作，整整 20 年。求学之路和工作之路，有些漫长，但庆幸的是这一路，总能遇到那么多优秀的老师和美好的同学，使我在学识和情感上都收获颇多且受益终身。

读博期间，最让我心怀感激的是吴飞老师。吴老师丰富的学养、严谨的治学以及善良的品格让我对学识、责任、担当、胸怀和眼界这些词汇有了更为真实的理解和贴切的感受。在吴老师门下读博，成长的不仅仅是学识，更有关于做人做事品行的感悟和耳濡目染。何其有幸，愚钝如我，却可以有机会成为老师的学生。在浙大，我还极其幸运地拥有了一帮最美好的同学和同门：永远如兄长般温暖的洪长晖、学识和才华都让人佩服的展宁、曹洵以及从来不知愁滋味的可爱妹子刘晶……是你们给了我读博期间最温暖也是最真诚的陪伴。那些哭过、笑过的日子以及共同拥有的平凡点滴会成为我珍藏一生的记忆。

工作上，要感谢同事兼好友范晓娟和林华，是你们给予了我最大的鼓励和支持。在我懈怠时，你们总会及时提醒；在我失去信心时，你们又总能给予鼓励。谢谢你们让我体会到来自同事和朋友的真诚与暖意。

感谢我 614 室的好姐妹：徐唯、李淼、彩霞和海清。我们曾一起在重庆度过了四年最美好的大学时光，毕业后大家天各一方，尽管身处不同的城市，但我们一直都在彼此的心里，那份如家人般的感情始终伴随着我们毕业之后的生活。谢谢你们给予我一份最持久也是最珍贵的守护。

感谢我最亲近的家人。养育我的父母，是你们用那份最血浓于水的亲情给予我滋养，让我学会用善良和真诚去面对这个并不完美的世界；是你们教会我用坚韧和勇气去面对困境和挫折。读博以及田野调查期间，我不能陪在幼小的女儿身边，是你们成为了我最坚强的后盾，帮我承担了诸多的家庭责任。谢谢你们给予我这份世间最平凡却也是最伟大的父爱和母爱。感谢我的爱人，从读研到读博，两个阶段我们都聚少离多，是你撑起了我们的小家。你不仅要承受繁重的工作压力，还要去承担来自家庭的诸多重任，从无怨言。这一切，我心存感激。感谢我的女儿小桔子，是你的到来，让我更懂得责任和感恩。你带给我和我们的小家太多的快乐，也让我在陪伴你的日子里有了再一次的成长。

最后，一定要感谢的还有田野调查期间给予我诸多帮助的岜沙苗寨的村民们：滚大哥、滚大嫂、滚丢相大叔、滚吉两、滚云凤……做田野调查，辛苦自不必说，与滚大哥一家同吃同住同生活，感受到的那份含蓄的照顾让我心生感激，与苗寨村民们的各种接触，那份质朴与纯粹同样温暖着我。走进千年苗寨，又匆匆离开那儿的青山绿水，感谢岜沙，感恩村民，是你们让我了解且体会到一个族群的生命情状。

书稿的写作和完善暂且告一段落，但内心深处对村民们的挂念以及有关岜沙苗寨文化变迁的研究兴趣依旧留存心间。合上这本书，新的一段旅程又将开启。“路漫漫其修远兮，吾将上下而求索”。

是以，为记。

吴　妍

2021 年 1 月 20 日

贵州贵阳